Loyauté et deloyauté

I0171931

Ceux qui vous quittent

DAG HEWARD-MILLS

Parchment House

Copyright © 2011 Dag Heward-Mills

Titre original: *Those Who Leave You*
Publié pour la première fois en 2011
par Parchment House

Version française publiée pour la première fois en 2011
Cinquième impression en 2015
par Parchment House

Traduit par : Professional Translations, Inc.

Pour savoir plus sur Dag Heward-Mills
Campagne Jésus qui guérit

Écrivez à : evangelist@daghewardmills.org
Site web : www.daghewardmills.org
Facebook : Dag Heward-Mills
Twitter : @EvangelistDag

ISBN : 978-9988-8502-1-0

Table des matières

Chapitre 1

Pourquoi Dieu permet à certains de vous quitter

Quinze raisons expliquant pourquoi Dieu permet à certains de vous quitter

Il existe plusieurs raisons expliquant pourquoi le Seigneur permet à certains de vous quitter, et même de vous faire du mal.

1. Le Seigneur permet à certains de vous quitter afin de corriger une erreur dans les fondations de votre ministère.

Au début du ministère, nous sommes souvent frappés par la peur de l'échec. Cette peur de l'échec nous incite à nous accrocher à la première source d'aide venue, et ce faisant, de nombreux ministres s'attachent aux mauvaises personnes.

Abraham en est un bon exemple. Dieu lui ordonna de se séparer de sa famille et d'entamer un long voyage mystique en direction d'une terre promise inconnue. Plutôt que d'obéir à l'ordre de Dieu, Abraham emmena avec lui certains des membres de sa famille, notamment Lot.

L'Éternel dit à Abram : Va-t-en de ton pays, de ta patrie, et DE LA MAISON DE TON PÈRE, dans le pays que je te montrerai.

Genèse 12 : 1

Abram remonta d'Égypte vers le midi, lui, sa femme, et tout ce qui lui appartenait, et LOT AVEC LUI.

Genèse 13 : 1

Tous les problèmes qu'Abraham rencontra lors de son voyage peuvent être expliqués par la présence de Lot dans sa vie. Remarquez les problèmes que la présence de Lot causa à Abraham.

1. Abraham connut des problèmes de querelle et de confusion à cause de Lot. Abraham dut finalement se séparer de sa famille à cause de Lot. (Genèse 13 : 7-8).

2. Abraham participa à une guerre à laquelle il n'aurait jamais dû participer, à cause de Lot. Il dut délivrer Lot du roi Kedorlaomer. (Genèse 14 :1-16)

3. Abraham dut plaider tout particulièrement à cause de Lot. Il dut sauver son neveu de la destruction qui allait s'abattre sur Sodome et Gomorrhe. (Genèse 18 : 23-33).

C'est ce que j'appelle une erreur dans les fondations d'un ministère. C'est une erreur que l'on commet au début du ministère, habituellement par peur. Ces erreurs peuvent inciter les mauvaises personnes à s'attacher à tout ce que vous faites, comme un boulet.

Parfois, il arrive que l'on épouse la mauvaise personne au début du ministère. Dieu peut éliminer cette mauvaise personne afin que vous puissiez vous libérer de ce boulet accroché à votre cou. Si Dieu ne débarrasse pas votre vie de cette personne, vous devrez accomplir tout votre ministère avec ce boulet autour du cou.

Certaines personnes firent partie de mon ministère au tout début, mais ce n'est plus le cas. J'ai peut-être emmené certains d'entre eux à mes côtés parce que j'avais peur de ne pas réussir sans eux. Leur présence me rassurait et me donnait l'impression que je réussirais.

Dans Sa miséricorde, Dieu fit en sorte qu'ils me quittent. Et même si certains d'entre eux me manquèrent véritablement, je reconnus que Dieu leur permit de me quitter parce que j'avais initialement commis une erreur en les emmenant partager ma nouvelle vision pour la construction de l'église.

2. Le Seigneur permet à certains de vous quitter afin de vous rendre humble.

Souviens-toi de tout le chemin que l'Éternel, ton Dieu, t'a fait faire pendant ces quarante années dans le désert, afin de t'humilier et de t'éprouver, pour savoir quelles étaient les dispositions de ton cœur et si tu garderais ou non ses commandements.

Deutéronome 8 : 2

Lorsque quelqu'un quitte votre organisation, l'abandonne ou en démissionne, c'est une expérience humiliante. Chaque départ vous laisse un goût amer dans la bouche. Chaque départ brusque laisse des questions sans réponse dans son sillage. L'incertitude causée par ceux qui vous quittent est perturbante et constitue une véritable leçon d'humilité.

J'ai planté des églises pendant de nombreuses années, et je suis béni de compter des centaines de pasteurs, filles et fils loyaux. Je suis également béni d'avoir des membres de ma propre famille comme pasteurs dans l'église.

Toutefois, un jour, certains membres de ma famille m'abandonnèrent dans le ministère pour faire tout le contraire de ce que j'avais enseigné. J'en fus profondément embarrassé, car les membres de ma propre famille devinrent le centre de la rébellion et de la déloyauté dans mon église, et je dus alors combattre ma propre famille. Je me suis souvent dit que j'avais réussi à attirer la loyauté de nombreuses personnes, mais j'avais échoué en ce qui concernait ma propre famille.

Je pensais que Dieu me donnait là une leçon d'humilité. Il voulait me montrer que la force, la puissance, les enseignements ou les principes ne suffisent pas, mais que tout arrive uniquement par Sa grâce. Il vous est peut-être arrivé de voir des gens vous quitter. Laissez Dieu accomplir Son travail spirituel afin de recevoir une leçon d'humilité et de mieux Le servir.

3. Le Seigneur permet à certains de vous quitter parce que vous avez favorisé l'ignorance de vos membres en négligeant de leur enseigner la loyauté et la déloyauté.

Deux cents hommes de Jérusalem, qui avaient été invités, accompagnèrent Absalom ; et ILS LE FIRENT EN TOUTE SIMPLICTÉ, sans rien savoir.

2 Samuel 15 : 11

Le diable se nourrit de l'ignorance des gens. Toujours, la tromperie se développe chez ceux qui n'ont pas reçu la vérité de la Parole. Absalom ne réussit à rassembler que deux cents hommes, qui le firent en toute simplicité d'esprit. Cette « simplicité d'esprit » est également appelée ignorance.

Les principes de loyauté, déloyauté, paternité et souvenir ne sont souvent pas enseignés à l'église. Il n'est alors pas surprenant de voir certains membres tomber en proie aux démons de la tromperie qui se nourrissent de leur ignorance. C'est peut-être vous qui avez permis à une telle ignorance de sévir dans votre congrégation. Satan a profité de leur ignorance et a causé des ravages autour de vous.

Oui, votre congrégation est sûrement bénie de messages de prospérité, de mariage et de guérison, mais rien de tout cela ne parviendra à protéger adéquatement vos fidèles des démons de la déloyauté et de la trahison.

Un jour, un pasteur me demanda pourquoi j'enseignais la loyauté et la déloyauté. Il remarqua ironiquement : « La loyauté, ça ne s'enseigne pas, ça s'impose. »

Il poursuivit : « C'est en montrant le bon exemple que vous inspirerez automatiquement la loyauté des gens qui vous entourent. »

Peu de temps après, il eut la désagréable surprise de voir ses propres associés le trahir. Il ne parvenait pas à croire ce qui lui arrivait. Suite à cette expérience, son mépris pour mes livres et mes enseignements se transforma en admiration. Il se passionna pour le sujet de la loyauté et commença à faire lui-même la promotion de mes livres. Il se peut que vous ne compreniez pas l'importance de l'enseignement tant que vous n'avez pas subi les effets de l'ignorance.

4. Le Seigneur permet à certains de vous quitter parce que vous avez méprisé un de vos collègues ministres lorsque son église s'est effondrée.

[...] Celui qui se réjouit d'un malheur ne restera pas impuni.

Proverbes 17 : 5

Souvent, nous dédaignons ceux qui ont des problèmes. Comme les amis de Job, nous croyons connaître toutes les raisons pour lesquelles ces gens traversent des épreuves. Nous méprisons ceux qui sont en difficulté parce que nous croyons que c'est de leur faute. Cette attitude ouvre la porte à Satan et lui permet de s'installer dans notre vie et notre ministère.

Un jour, j'ai rencontré les trois pasteurs d'une église qui avait énormément de succès. Leur puissante équipe était composée de deux associés compétents et d'un pasteur principal. Avec l'aide de ses deux associés, le pasteur principal avait bâti l'une des plus grandes églises de la ville. Tout le monde semblait vouloir les rejoindre. Leur nouvelle église était pleine à craquer et de nombreux services voyaient un trop-plein de foule forcée de s'asseoir à l'extérieur. Tout fiers de leur récent succès, ils commencèrent à faire des suppositions au sujet d'une église à l'autre bout de la ville, qui peinait à se développer.

Ils se moquaient du pasteur de cette église : « Les gens ne quittent une église que lorsque son leader est mauvais.

C'est uniquement à cause de son mauvais leadership que les gens ont quitté son ministère pour rejoindre le nôtre. »

À ce moment-là, je ne savais même pas que les gens quittaient cette église pour rejoindre la leur. C'était la première fois que j'entendais dire que cette église avait un « mauvais » leader. Je décelais aisément une pointe de dérision et de moquerie lorsqu'ils parlaient de cette église et son « mauvais » leader.

Certes, je ne doute pas que certains soient partis à cause de son mauvais leadership. Mais il faut être prudent lorsque l'on tire des jugements et des conclusions.

Quelques années plus tard, ces trois leaders entrèrent dans une autre phase de leur ministère. Chaque nouvelle phase peut entraîner un changement dans l'équilibre des pouvoirs. Lors de cette nouvelle phase, les deux associés quittèrent leur pasteur principal en le couvrant d'injures et d'accusations. Ce qui les avait incité à mépriser l'autre pasteur était en train de se produire pour eux, mais en plus grave.

Lorsque je fus informé de cette crise, je repensais immédiatement à ce qu'ils avaient dit à propos de cette autre église et de leur pasteur : « Les gens ne quittent une église que lorsque son leader est mauvais. » Leur pasteur principal était-il devenu un mauvais leader ? Pas forcément. Les gens peuvent vous quitter pour de nombreuses raisons. Mais veillez à ne pas vous moquer de quelqu'un qui connaît des difficultés.

Dans mon pays, nous avons un proverbe qui dit quelque chose comme : « Si tu vois que la barbe de ton ami est en flammes, ne te moque pas de lui. Ne lui demande pas comment il a pu laisser sa barbe prendre feu. Va plutôt chercher de l'eau et garde-là près de toi au cas où ta barbe prendrait feu elle aussi. » La Bible le formule ainsi : « [...] Celui qui se réjouit d'un malheur ne restera pas impuni. » (Proverbes 17 : 5).

5. Le Seigneur permet à certains de vous quitter parce qu'ils ne font pas partie de votre destin.

Petits enfants, c'est la dernière heure, et comme vous avez appris qu'un antéchrist vient, il y a maintenant plusieurs antéchrists : par là nous connaissons que c'est la dernière heure. ILS SONT SORTIS DU MILIEU DE NOUS, MAIS ILS N'ÉTAIENT PAS DES NÔTRES ; car s'ils eussent été des nôtres, ils seraient demeurés avec nous, mais cela est arrivé afin qu'il fût manifeste que tous ne sont pas des nôtres.

1 Jean 2 : 18-19

Tout le monde n'est pas appelé à faire partie de votre équipe. Naturellement, notre esprit choisit ceux qui nous semblent devoir figurer à nos côtés. Mais Dieu a déjà décidé de ceux qui font partie de votre destin.

Au fil des années, j'ai connu la tristesse de devoir laisser partir des gens alors que je croyais qu'ils resteraient toujours avec moi. J'ai également connu l'agréable surprise de rencontrer leurs remplaçants. Honnêtement, je n'aurais pas de moi-même choisi beaucoup des personnes qui sont avec moi aujourd'hui. Mais Dieu les a appelé pour m'aider à me battre dans Son ministère.

Ne cherchez pas à résister lorsque les gens vous quittent. Leur départ et leur remplacement par d'autres personnes font parfois partie de votre destin éternel.

6. **Le Seigneur permet à certains de vous quitter afin que vous compreniez ce que notre Père céleste ressent lorsque Ses enfants Le quittent.**

Il dit encore : Un homme avait deux fils. Le plus jeune dit à son père : Mon père, donne-moi la part de bien qui doit me revenir. Et le père leur partagea son bien.

Peu de jours après, le plus jeune fils, ayant tout ramassé, partit pour un pays éloigné, où il dissipa son bien en vivant dans la débauche.

Luc 15 : 11-13

Devenir père, cela implique de s'occuper de toutes sortes d'enfants. Parfois, Dieu vous fait traverser certaines situations afin que vous gagniez la maturité nécessaire pour devenir père. Le fait de vieillir ne fait pas de vous un père. C'est le fait d'avoir des enfants qui fait de vous un père. C'est le fait d'être en mesure de s'occuper de différents types d'enfants et des défis qu'ils représentent qui fait de vous un père.

Repensez à des hommes comme Jacob, qui a eu tant d'enfants. Chaque enfant lui apporta une expérience différente. Certains enfants vous quittent brusquement, comme l'a fait le fils prodigue.

C'est une expérience que Dieu a connue, parce qu'Il est notre Père à tous. Au cours du voyage qui vous mène à la paternité, il est possible que certaines personnes vous quittent. Devenir père, cela signifie également faire preuve d'amour et de maturité envers les personnes qui vous abandonnent soudainement et douloureusement, et qui vont jusqu'à se retourner contre vous.

C'est pour cela que Dieu permet à certains de vous quitter – afin que vous puissiez véritablement devenir père.

7. Le Seigneur permet à certains de vous quitter afin d'attirer votre attention et vous diriger vers Lui.

L'Éternel fut irrité contre Salomon, parce qu'il avait détourné son cœur de l'Éternel, le Dieu d'Israël, qui lui était apparu deux fois. Il lui avait à cet égard défendu d'aller après d'autres dieux ; mais Salomon n'observa point les ordres de l'Éternel. Et l'Éternel dit à Salomon : Puisque tu as agi de la sorte, et que TU N'AS POINT OBSERVÉ MON ALLIANCE ET MES LOIS que je t'avais prescrites, JE DÉCHIRERAI LE ROYAUME DE DESSUS TOI ET JE LE DONNERAI À TON SERVITEUR.

1 Rois 11 : 9-11

Parfois, les gens vous quittent parce que vous ne suivez pas la volonté de Dieu. Jéroboam quitta le service de Salomon parce que Salomon ne suivait pas la volonté de Dieu. Lorsque quelqu'un vous quitte, c'est une expérience tellement douloureuse que vous êtes obligé d'y prêter attention.

À chaque fois que quelqu'un m'a quitté, j'ai prié davantage et je suis devenu plus spirituel. Cela m'a permis de regarder en moi-même, et de voir si je suivais la volonté de Dieu et si je faisais ce qu'il fallait. Cela a créé dans mon cœur une grande prudence, une grande lucidité et une grande crainte. « Et voici, cette même tristesse selon Dieu, quel empressement n'a-t-elle pas produit en vous ! Quelle justification, quelle indignation, quelle crainte, quel désir ardent, quel zèle, quelle punition ! Vous avez montré à tous égards que vous étiez purs dans cette affaire. » (2 Corinthiens 7 : 11)

Vous devez faire en sorte que le départ des gens produise cet effet sur vous. Cette personne est peut-être rebelle, mais Dieu se servira indéniablement d'elle pour accomplir un grand travail spirituel sur vous. Si vous êtes ouvert d'esprit, chaque personne qui vous quitte deviendra un marchepied vers une dimension supérieure de votre ministère.

La liste des gens qui m'ont quitté au fil des ans est longue. Bien sûr, encore plus nombreux sont ceux qui sont restés. Et je peux vous dire ce que j'ai appris de chacun de ces « déserteurs ».

8. Le Seigneur permet à certains de vous quitter parce que vous ne Le suivez plus comme vous le faisiez au début de votre ministère.

Il eut sept cents épouses de rang princier et trois cents épouses de second rang, et toutes ces femmes détournèrent son cœur.

En effet, LORSQUE SALOMON FUT DEVENU VIEUX, SES FEMMES DÉTOURNÈRENT SON CŒUR vers des dieux étrangers, de sorte que son cœur n'appartint plus sans réserve à l'Éternel son Dieu, à la différence de son père David.
1 Rois 11 : 3-4 (La Bible du Semeur)

C'est sans doute ce qu'il y a de plus effrayant lorsque les gens vous quittent : l'idée que vous ne suivez peut-être pas la volonté de Dieu. Avez-vous fait quelque chose, dans votre ministère, qui a laissé la porte ouverte à l'ennemi ? Dieu est-il satisfait de vous ?

Est-ce que Satan vous a atteint parce que vous vous êtes détourné de la volonté divine ? Vous devez en priorité garder cela à l'esprit lorsque vous priez pour comprendre pourquoi quelqu'un vous a quitté.

9. Le Seigneur permet à certains de vous quitter parce que vous n'affirmez pas votre autorité.

Vous devez affirmer votre autorité et établir votre contrôle sur les gens que vous dirigez. Si vous n'affirmez pas votre autorité, toutes sortes de personnes auront l'impression que vous leur êtes acquis. Les leaders faibles ne parviennent pas à établir la loyauté dans leurs églises. Ils permettent aux gens de manifester de dangereux signes de déloyauté sans les confronter. Les leaders faibles bavardent dans le dos des gens au lieu de les confronter directement, ce qui cause davantage de confusion et laisse les querelles se développer. Au bout du compte, un leader faible qui ne confronte pas les gens se retrouve face à une crise encore plus grave.

Salomon affirma son autorité et élimina son propre frère Adonija parce qu'il avait demandé qu'Abischag (la concubine de David) devienne sa femme.

Vous devez remarquer les subtils indices qui révèlent l'insolence, l'arrogance et la présomption. C'est grâce à sa force de caractère et sa capacité d'affirmer son autorité que Salomon a pu stabiliser son royaume. La réaction du roi Salomon était justifiée lorsqu'Adonija demanda effrontément Abischag. Veuillez noter l'attitude ferme de Salomon envers Adonija :

> Bath Schéba se rendit auprès du roi Salomon, pour lui parler en faveur d'Adonija. Le roi se leva pour aller à sa rencontre, il se prosterna devant elle, et il s'assit sur son trône. On plaça un siège pour la mère du roi, et elle s'assit à sa droite.
>
> Puis elle dit : J'ai une petite demande à te faire : ne me la refuse pas ! Et le roi lui dit : Demande, ma mère, car je ne te refuserai pas.
>
> Elle dit : Qu'Abischag, la Sunamite, soit donnée pour femme à Adonija, ton frère.
>
> Le roi Salomon répondit à sa mère : Pourquoi demandes-tu Abischag, la Sunamite, pour Adonija ? Demande donc

la royauté pour lui, car il est mon frère aîné, pour lui, pour le sacrificateur Abiathar, et pour Joab, fils de Tseruja !

Alors le roi Salomon jura par l'Éternel, en disant : Que Dieu me traite dans toute sa rigueur, si ce n'est pas au prix de sa vie qu'Adonija a prononcé cette parole ! Maintenant, l'Éternel est vivant, lui qui m'a affermi et m'a fait asseoir sur le trône de David, mon père, et qui m'a fait une maison selon sa promesse ! aujourd'hui Adonija mourra.

Et le roi Salomon envoya Benaja, fils de Jehojada, qui le frappa ; et Adonija mourut.

1 Rois 2 : 19-25

10. Le Seigneur permet à certains de vous quitter parce que vous êtes trop « dur».

Le roi répondit durement au peuple. Il laissa le conseil que lui avaient donné les vieillards, et il leur parla ainsi d'après le conseil des jeunes gens : Mon père a rendu votre joug pesant, et moi je vous le rendrai plus pesant ; mon père vous a châtiés avec des fouets, et moi JE VOUS CHÂTIERAI AVEC DES SCORPIONS.

1 Rois 12 : 13-14

Certes, vous devez affirmer votre autorité et prouver que vous êtes en position de diriger. Veuillez remarquer que Salomon n'a pas uniquement fait preuve d'autorité simplement parce qu'il était roi. Il a affirmé son autorité avec sagesse et a attendu l'occasion idéale d'établir son contrôle.

Vos actions doivent toujours sembler rationnelles et raisonnables à ceux qui vous entourent. Cela les aide à accepter vos décisions et croire en votre leadership.

11. Le Seigneur permet à certains de vous quitter parce que vous n'êtes pas un leader légitime.

Jéhu entra dans Jizreel. Jézabel, l'ayant appris, mit du fard à ses yeux, se para la tête, et regarda par la fenêtre.

Comme Jéhu franchissait la porte, elle dit : EST-CE LA PAIX, NOUVEAU ZIMRI, ASSASSIN DE SON MAÎTRE ?

2 Rois 9 : 30-31

Son serviteur Zimri, chef de la moitié des chars, conspira contre lui. Éla était à Thirtsa, buvant et s'enivrant dans la maison d'Artsa, chef de la maison du roi à Thirtsa. Zimri entra, le frappa et le tua, la vingt-septième année d'Asa, roi de Juda, et il régna à sa place.

1 Rois 16 : 9-10

Zimri était l'essence même du leader illégitime. Il n'avait aucun droit d'être roi. Il n'avait même aucun droit d'aspirer au trône. Et pourtant, il assassina le roi et s'empara du trône. Malheureusement, son règne ne dura que sept jours. Comme vous pouvez le constater, les leaders illégitimes ne sont pas stables.

Cette question qu'elle posa à ceux qui étaient venus l'assassiner, c'est peut-être la contribution la plus positive que Jézabel offrit à l'histoire : « Est-ce la paix, nouveau Zimri, assassin de son maître ? » En d'autres termes, Zimri connut-il un règne stable après avoir tué le leader légitime ? La réponse est non. Jézabel tenta d'effrayer les meurtriers en leur rappelant le sort inévitable réservé à ceux qui renversent les leaders légitimes.

L'une des raisons principales expliquant pourquoi les gens vous quittent, c'est le fait que vous n'êtes pas un leader légitime. Un leader légitime est le leader qu'il faut au groupe. Roboam était le roi légitime d'Israël parce qu'il était le fils de Salomon. Jéroboam n'était qu'un serviteur de Salomon, il n'avait aucun droit d'accéder au trône de David, et il le savait. Jéroboam savait qu'au bout d'un certain temps, le peuple reviendrait vers le véritable roi acceptable d'Israël et lui prêterait allégeance. « Jéroboam dit en son cœur : Le royaume pourrait bien maintenant retourner à la maison de David. Si ce peuple monte à Jérusalem pour faire des sacrifices dans la maison de l'Éternel, le cœur de ce peuple retournera à son seigneur, à Roboam, roi de Juda, et ils me tueront et retourneront à Roboam, roi de Juda. Après s'être consulté, le roi fit deux veaux d'or, et il dit au peuple : Assez longtemps vous êtes montés à Jérusalem ; Israël ! voici ton Dieu, qui t'a fait sortir du pays d'Égypte. » (1 Rois 12 : 26-28).

Jéroboam désigna Roboam comme le seigneur du people. En son cœur, il savait que Roboam était le roi légitime. Il avait peur que le peuple retourne à son roi légitime, et c'est pour cela qu'il fit ériger des idoles à Dan et Béthel. Lorsque vous arrachez la moitié de l'église d'un autre pour vous l'approprier et construire votre propre église, vous n'êtes pas le leader légitime de ces fidèles. Leur leader légitime, c'est celui qui était là avant que vous ne le dépouilliez.

Lorsque vous dépouillez quelqu'un de la moitié de son église et que vous la rebaptisez, vous n'êtes pas le leader légitime.

Lorsque vous organisez une rébellion contre votre père et que vous trompez un groupe afin qu'il vous suive, vous n'êtes pas le leader légitime du groupe.

Pourquoi n'êtes-vous pas le leader légitime de ces groupes ? Parce que vous ne leur avez pas donné naissance : vous les avez volés. Vous n'êtes donc pas un leader, mais un voleur, et la malédiction des voleurs s'abattra sur votre vie. Si votre église est bâtie sur la rébellion et la déloyauté, vous n'êtes ni plus ni moins qu'un rebelle, et un rebelle ne peut en aucun cas être un leader légitime. C'est pour cela que ceux qui provoquent des coups d'état en viennent à pratiquer la brutalité et le meurtre. Lorsque vous n'êtes pas un leader légitime, le peuple peut facilement se retourner contre vous, et Jéroboam le savait très bien. C'est pour cela que les leaders illégitimes ont souvent recours aux assassinats et aux meurtres en masse. De nombreux pays africains sont dirigés par les leaders illégitimes qui ont pris le pouvoir de force et en provoquant des guerres civiles. Ils appuient leur autorité illégitime en assassinant ceux qu'ils perçoivent comme une menace. Dans le domaine de l'église, il est difficile de maintenir une autorité illégitime.

Un jour, je visitai la branche d'une église d'une certaine dénomination, dont le pasteur résident s'était saisi. Ce pasteur (qui n'avait pas fondé l'église), avait peint un nouveau nom par-dessus l'ancien, et s'était approprié quelque chose qui ne lui appartenait pas. À l'entrée de l'église, je l'avertis qu'il ne devrait pas agir de la sorte. Je lui dis qu'il ne pouvait pas voler la congrégation toute entière de quelqu'un d'autre. Il n'était pas d'accord avec moi et me dit que Dieu lui avait envoyé un signe attestant qu'Il était de son côté. Il m'emmena vers le parking et me montra une voiture flambant neuve, que quelqu'un lui avait offerte pour le récompenser de s'être rebellé contre un homme de Dieu. Ce pasteur était déterminé à persister et devenir le leader illégitime de cette église.

Toutefois, il est difficile de maintenir une autorité illégitime. Il ne parvenait pas à contrôler les associés, les anciens et la congrégation. Peu de temps après, l'église et ses pasteurs se soulevèrent et l'exclurent de l'église.

À une autre occasion, je fus invité à prêcher dans une église au Ghana. Je me rendis compte que cette église ne croissait pas. Le pasteur faisait constamment face à des dissensions et des séparations au sein de l'église. Il ne comprenait pas ce qui se passait. « Pourquoi mon église ne se développe-t-elle pas ? » demandait-il. Certains des membres les plus importants l'avaient quitté, et il en était bouleversé.

« Que se passe-t-il ? », demandait-il. « J'ai l'impression qu'à chaque fois que j'essaie d'avancer, je n'arrête pas de reculer. »

Soudain, je me suis rappelé comment *il* avait fondé son église. Pendant de nombreuses années, il avait été pasteur associé, et un jour, il quitta son pasteur principal en entraînant avec lui une grande partie de la congrégation ainsi que les membres les plus importants de l'église. En fait, il avait même emmené avec lui le principal soutien financier du pasteur principal. La personne qui finançait le pasteur principal était devenue son allié le plus important. Manifestement, ce n'était pas le leader légitime de ces fidèles, mais il voulait tout de même fonder une congrégation stable, loyale et prospère, après l'avoir volée. Pendant plusieurs années, il fit face à une constante vague de départs, et n'est jamais parvenu à exercer un contrôle stable sur cette petite congrégation. Si vous voulez être en position de diriger, la légitimité est essentielle.

12. Le Seigneur permet à certains de vous quitter parce qu'ils vous ont vu quitter d'autres personnes et en ont tiré une leçon.

Certains vous quittent parce qu'ils vous ont vu en faire de même. Les gens finissent par reproduire ce qu'ils vous ont vu faire. C'est pourquoi David refusa de tuer Saul. Si David avait tué Saul, il aurait établi un précédent de régicide. Saul avait commis une erreur, il était désormais possédé par le démon, et passait la nuit chez les sorcières. Mais peu de temps après, David commit des erreurs tout aussi graves et mérita une punition semblable. Le principe qui devrait peut-être guider votre vie est le suivant : les gens apprennent en observant vos actions. Veuillez remarquer que Zimri, le capitaine des chariots, renversa le roi Éla et régna à sa place. Peu de temps après, le peuple se souleva, élimina Zimri, et fit accéder Omri, le capitaine de l'armée, au trône.

Zimri renverse le roi

Son serviteur Zimri, chef de la moitié des chars, conspira contre lui. Éla était à Thirtsa, buvant et s'enivrant dans la maison d'Artsa, chef de la maison du roi à Thirtsa.

Zimri entra, le frappa et le tua, la vingt-septième année d'Asa, roi de Juda, et il régna à sa place.

1 Rois 16 : 9-10

Le peuple renverse Zimri

La vingt-septième année d'Asa, roi de Juda, Zimri régna sept jours à Thirtsa. Le peuple campait contre Guibbethon, qui appartenait aux Philistins.

Et le peuple qui campait apprit cette nouvelle : Zimri a conspiré, et même il a tué le roi ! Et ce jour-là, tout

Israël établit dans le camp pour roi d'Israël Omri, chef de l'armée.

Omri et tout Israël avec lui partirent de Guibbethon, et ils assiégèrent Thirtsa. Zimri, voyant que la ville était prise, se retira dans le palais de la maison du roi, et brûla sur lui la maison du roi.

C'est ainsi qu'il mourut, à cause des péchés qu'il avait commis en faisant ce qui est mal aux yeux de l'Éternel, en marchant dans la voie de Jéroboam, et en se livrant aux péchés que Jéroboam avait commis pour faire pécher Israël.

1 Rois 16 : 15-19

13. Le Seigneur permet à certains de vous quitter parce que vous manquez de sagesse et de qualités de leadership.

Un leadership insensé peut détruire de nombreuses années de labeur et de construction. Lorsqu'une personne manquant de sagesse se retrouve en position de diriger, la catastrophe est imminente. Salomon prédit l'arrivée de Roboam, son fils insensé. « J'ai haï tout le travail que j'ai fait sous le soleil, et dont je dois laisser la jouissance à l'homme qui me succédera. Et qui sait s'il sera sage ou insensé ? CEPENDANT IL SERA MAÎTRE DE TOUT MON TRAVAIL, DE TOUT LE FRUIT DE MA SAGESSE SOUS LE SOLEIL. C'est encore là une vanité. (Ecclésiaste 2 : 18-19).

Salomon savait qu'un insensé accédant à son trône dilapiderait et gâcherait tout ce qu'il avait souffert pour construire. En vérité, il avait raison. Il a suffi de l'arrivée d'un seul leader insensé pour que les richesses les plus importantes jamais accumulées et le royaume le plus prospère soient gaspillées.

Mais plus tragiquement encore, le fils insensé émietta également le royaume lui-même. Quelques mois après son accès au pouvoir, il prit des décisions insensées qui provoquèrent l'éclatement complet de la famille d'Israël. Israël ne n'est jamais remise du règne de Roboam.

Je sais que vous ne voulez peut-être pas le reconnaître, mais c'est peut-être votre manque de sagesse qui provoque des ruptures continuelles dans votre église. C'est peut-être votre incapacité à gérer et diriger avec sagesse qui pousse les gens à vous quitter.

Un jour, je remarquai que des centaines de personnes s'étaient rassemblées devant les ambassades de pays européens et américains.

Je me suis demandé : « Pourquoi tant de gens veulent quitter l'Afrique ? Pourquoi sont-ils si nombreux à vouloir partir en Europe ? Est-ce à cause du mauvais temps en Afrique ? Fait-il plus beau en Europe ? »

La réponse est « non » !

Ils veulent échapper au mauvais leadership qui sévit sur le continent africain. Ils veulent vivre sous un leadership différent, et on ne peut pas vraiment le leur reprocher. Qui ne souhaiterait pas fuir un monde rude et impitoyable, gouverné par des leaders qui n'ont pas la sagesse nécessaire pour développer la paix, la stabilité, la richesse et la prospérité pour leur peuple ?

C'est ce qui se produit lorsque certains quittent leur église. Ils fuient notre leadership inadéquat et mal avisé. Ils fuient une église dirigée par des leaders qui n'ont pas la sagesse nécessaire pour développer la paix, la stabilité, la richesse et la prospérité pour leurs fidèles ! Il est possible que vos pasteurs associés vous quittent parce qu'ils essaient désespérément d'échapper à votre leadership de mauvaise qualité. Voilà ce que je voulais vous démontrer !

14. Le Seigneur permet à certains de vous quitter afin que cela serve de jugement sur votre vie.

Parfois, le Seigneur permet à certains de vous quitter afin de juger vos péchés. Cela peut vous sembler déroutant, parce que nous savons tous que Dieu déteste la rébellion.

La rébellion provoque des ravages, et c'est pour cela que Dieu s'en sert parfois pour prononcer un jugement. Mais veuillez également remarquer que ceux qui se rebellent sont plus tard jugés pour leur rébellion.

Pour punir les graves péchés de Jéroboam, Dieu a permis au conspirateur Baescha de se rebeller et d'éliminer toute la famille de Jéroboam.

Toutefois, par la suite, le Seigneur jugea Baescha et le punit de s'être rebellé. Zimri fut suscité pour détruire le royaume de Baescha.

Baescha détruit Nadab en guise de jugement contre Jéroboam

Nadab, fils de Jéroboam, régna sur Israël, la seconde année d'Asa, roi de Juda. Il régna deux ans sur Israël.

Il fit ce qui est mal aux yeux de l'Éternel ; et il marcha dans la voie de son père, se livrant aux péchés que son père avait fait commettre à Israël.

BAESCHA, FILS D'ACHIJA, DE LA MAISON D'ISSACAR, CONSPIRA CONTRE LUI, ET BAESCHA LE TUA À GUIBBETHON, qui appartenait aux Philistins, pendant que Nadab et tout Israël assiégeaient Guibbethon. Baescha le fit périr la troisième année d'Asa, roi de Juda, et il régna à sa place.

Lorsqu'il fut roi, IL FRAPPA TOUTE LA MAISON DE JÉROBOAM, il n'en laissa échapper personne et il détruisit tout ce qui respirait, selon la parole que l'Éternel avait dite par son serviteur Achija de Silo,

À CAUSE DES PÉCHÉS QUE JÉROBOAM AVAIT COMMIS et qu'il avait fait commettre à Israël, irritant ainsi l'Éternel, le Dieu d'Israël.

1 Rois 15 : 25-30

Zimri détruit Baescha en guise de jugement

Lorsqu'il fut roi et qu'il fut assis sur son trône, il frappa toute la maison de Baescha, il ne laissa échapper personne qui lui appartînt, ni parent ni ami.

ZIMRI DÉTRUIT TOUTE LA MAISON DE BAESCHA, selon la parole que l'Éternel avait dite contre Baescha par Jéhu, le prophète,

À CAUSE DE TOUS LES PÉCHÉS QUE BAESCHA ET ÉLA, SON FILS, AVAIENT COMMIS et qu'ils avaient fait commettre à Israël, irritant par leurs idoles l'Éternel, le Dieu d'Israël.

1 Rois 16 : 11-13

15. Le Seigneur permet à certains de vous quitter parce que vous ne réagissez pas rapidement face à la déloyauté.

Parce qu'une mauvaise action n'est pas vite sanctionnée, les hommes sont portés à faire beaucoup de mal.

Ecclésiaste 8 : 11 (La Bible du Semeur)

La déloyauté est une urgence spirituelle. Il faut la sanctionner rapidement avant qu'elle ne se développe et contamine les autres. Il existe de nombreux proverbes à ce sujet : « il suffit d'une pomme gâtée pour que toutes les autres pourrissent » ; « un peu de levain fait lever toute la pâte », pour ne citer qu'eux.

La déloyauté est une situation qui pollue, contamine et altère la nature de toute chose et tout homme. Il est essentiel que vous la sanctionniez le plus rapidement possible, sans quoi tout votre ministère en sera affecté.

Lorsque quelqu'un est mordu par un cobra, il se met immédiatement à courir. Ils courent pendant des kilomètres afin d'atteindre l'hôpital le plus proche avant que le venin les tue, c'est là leur seul espoir.

Telle est la nature du venin et telle est la nature de la déloyauté. C'est une urgence ! Vous ne pouvez pas permettre à l'attitude négative de leaders déloyaux de polluer votre congrégation. Vous ne pouvez pas laisser libre cours aux personnes qui manifestent tous les signes de la déloyauté. Vous ne pouvez pas vous le permettre ! Salomon réagit rapidement face à la déloyauté.

C'est pourquoi il exécuta son oncle Joab, son frère Adonija ainsi que Shimeï, dès que l'occasion se présenta. Il savait qu'il serait dangereux de laisser ces gens en paix. Il savait qu'il serait dangereux de ne pas agir contre des hommes qui avaient exprimé le désir de le renverser.

C'est peut-être votre LENTEUR à sanctionner la déloyauté qui a permis aux personnes déloyales de semer le trouble dans votre ministère. Voyez vous-même la rapidité avec laquelle Salomon réagit contre trois éléments dangereux dans son royaume : Adonija, Joab et Shimeï.

Salomon sanctionne rapidement Adonija

Le roi Salomon répondit à sa mère : Pourquoi demandes-tu Abischag, la Sunamite, pour Adonija ? Demande donc la royauté pour lui, -car il est mon frère aîné, -pour lui, pour le sacrificateur Abiathar, et pour Joab, fils de Tseruja !

Alors le roi Salomon jura par l'Éternel, en disant : Que Dieu me traite dans toute sa rigueur, si ce n'est pas au prix de sa vie qu'Adonija a prononcé cette parole !

Maintenant, l'Éternel est vivant, lui qui m'a affermi et m'a fait asseoir sur le trône de David, mon père, et qui m'a fait une maison selon sa promesse ! aujourd'hui Adonija mourra.

Et le roi Salomon envoya Benaja, fils de Jehojada, qui le frappa ; et Adonija mourut.

1 Rois 2 : 22-25

Salomon sanctionne rapidement Joab

On annonça au roi Salomon que Joab s'était réfugié vers la tente de l'Éternel, et qu'il était auprès de l'autel. Et Salomon envoya Benaja, fils de Jehojada, en lui disant : Va, frappe-le.

1 Rois 2 : 29

Salomon sanctionne rapidement Shimeï

Et le roi dit à Schimeï : Tu sais au dedans de ton cœur tout le mal que tu as fait à David, mon père ; l'Éternel fait retomber ta méchanceté sur ta tête.

Mais le roi Salomon sera béni, et le trône de David sera pour toujours affermi devant l'Éternel.

Et le roi donna ses ordres à Benaja, fils de Jehojada, qui sortit et frappa Schimeï ; et Schimeï mourut. La royauté fut ainsi affermie entre les mains de Salomon.

1 Rois 2 : 44-46

Chapitre 2

Les démons à l'œuvre chez ceux qui se rebellent et vous quittent

1. L'esprit de Lucifer est à l'œuvre chez ceux qui se rebellent et vous quittent.

Te voilà tombé du ciel, Astre brillant, fils de l'aurore ! Tu es abattu à terre, Toi, le vainqueur des nations !

Tu disais en ton cœur : Je monterai au ciel, J'élèverai mon trône au-dessus des étoiles de Dieu ; Je m'assiérai sur la montagne de l'assemblée, À l'extrémité du septentrion ;

Je monterai sur le sommet des nues, Je serai semblable au Très Haut.

Mais tu as été précipité dans le séjour des morts, Dans les profondeurs de la fosse.

Ésaïe 14 : 12-15

L'esprit de Lucifer, c'est l'esprit qui bouscule les rangs ! Satan est l'archétype du rebelle qui quitta le service de Dieu et devint un ennemi. Depuis, il a inspiré tous les rebelles et les déserteurs. Le but principal de Satan, c'est de déstabiliser l'église que vous construisez et de détruire l'œuvre de Dieu.

Sa meilleure façon d'opérer, c'est d'empoisonner votre équipe de leaders et de leur donner des raisons de vous quitter. Satan incarne l'esprit de destruction et il a pris pour cible les piliers de votre église. Satan veut désespérément démolir votre « bâtiment spirituel », et il sait que s'il peut en abattre les piliers, alors tout l'édifice s'effondrera. C'est pourquoi il s'en prend à vos pasteurs associés, vos collègues et les gens importants qui vous entourent.

C'est pour cela que vous devez vous concentrer sur vos leaders. Croyez-le ou non, mais Satan se concentre sur eux. Il s'acharne à les empoisonner et les retourner contre vous. Il s'acharne à semer des graines de doute, de peur et de confusion dans le cœur de ceux en qui vous avez le plus confiance. Vous devez vous y opposer, et leur apprendre ce qui pourra leur apporter la stabilité du cœur.

Un intrus dans la nuit

Un de mes pasteurs me confia une vision importante qui lui était apparue. Dans cette vision, il était endormi dans son lit, chez lui, en pleine nuit. Un intrus entra alors par la fenêtre et s'approcha du corps du pasteur endormi, avant d'ouvrir une sorte de porte qui se trouvait sur sa poitrine, d'y placer quelque chose, et de s'enfuir par la fenêtre. Cet intrus, c'était tout simplement Satan. Dieu avait révélé à ce frère que Satan tenterait de planter quelque chose dans son cœur. Dieu l'avertissait de se méfier des graines que Satan pourrait planter dans son esprit.

Cette vision m'indiquait clairement que Satan s'efforçait d'empoisonner le cœur des personnes que je dirigeais.

Parce que Lucifer est fondamentalement un rebelle, c'est lui qui inspire toutes les rébellions.

Chaque fois que vous luttez contre la déloyauté et la rébellion, vous affrontez Satan lui-même.

Parce que Lucifer est l'incarnation de toute rébellion, les enseignements sur la loyauté et la déloyauté sont des attaques directes contre sa présence dans une église ou un ministère.

Attaquez le problème à la racine et affrontez Satan dans votre église en confrontant la déloyauté et en apprenant à vos membres à être loyaux.

2. **L'esprit des fausses prophéties est à l'œuvre chez ceux qui se rebellent et vous quittent.**

Et l'Éternel dit : Qui séduira Achab, pour qu'il monte à Ramoth en Galaad et qu'il y périsse ? Ils répondirent

l'un d'une manière, l'autre d'une autre.
Et un esprit vint se présenter devant l'Éternel, et dit :
Moi, je le séduirai. L'Éternel lui dit : Comment ?

1 Rois 22 : 20-21

Nombreux sont ceux qui font ce qu'un prophète leur dit de faire. Il est important de s'assurer que vous suivez la voix du Seigneur lorsque vous obéissez à une parole prophétique. Dans cette histoire classique, Achab suivit la voix d'un faux prophète, et fut conduit à sa perte. L'esprit des fausses prophéties parvint à le convaincre d'aller à Ramoth en Galaad, où il tomba. Voilà ce qui arrive aux rebelles. Le diable les persuade de courir à leur propre perte et destruction.

L'esprit des fausses prophéties

De nombreux rebelles se servent de prophéties pour justifier leurs actions. Au nom du Saint Esprit, ils œuvrent pour Satan, détruisent des églises et sèment la confusion dans les vignes du Seigneur. Seul Dieu sait s'ils ont été envoyés par l'esprit des prophéties ou par l'esprit des fausses prophéties.

De plus hautes sphères

J'ai connu un pasteur qui était originaire d'un pays africain voisin. Ce pasteur m'avait été fidèle, il travaillait auprès d'une de nos églises dans une ville d'Europe. Un jour, il passa des vacances dans son pays. Alors qu'il assistait à une conférence dans une église, un « homme de Dieu » l'aborda et lui dit : « je vous vois vous élever dans de plus hautes sphères ». Il affirma qu'il n'avait jamais rencontré ce prophète « des plus hautes sphères » auparavant, et il fut étonné que celui-ci lui parle de la sorte. Cette prophétie, c'était la graine de rébellion qui avait été plantée dans son cœur.

À partir de ce moment, mon fidèle pasteur commença à envisager de « plus hautes sphères » dans son ministère. Un an ou deux plus tard, il se rendit de nouveau dans son pays. Il y rencontra de nouveau ce prophète qui lui demanda s'il avait atteint des « plus hautes sphères ». En entendant cela, mon pasteur loyal abandonna sa fidélité admirable et décida de rejoindre les rangs chargés des déserteurs rebelles.

À cause de ces « paroles prophétiques », le pasteur se mit à conspirer avec la congrégation en vue de quitter notre dénomination. Le temps que je prenne conscience de sa démission, le mal était fait, et il avait gagné le cœur de la plupart de notre congrégation. Il entraîna avec lui quatre-vingt-dix pour cent de la congrégation, et fonda sa propre église indépendante. Notre église dut finalement fermer, parce que tout le monde était parti. À cause de cette « prophétie », toute une église dut fermer.

Je n'ai qu'une question à poser : le Saint Esprit détruit-il des églises, ou bien les construit-il ? Il les construit. Jésus dit : « Je bâtirai mon église.» Il ne dit pas : « Je détruirai mon église.»

N'est-ce pas un péché que de construire quelque chose que vous venez de détruire ? Qu'en dit la Bible ? Pourquoi complètement détruire une église afin d'en fonder une autre ? Comment peut-on passer cinq ans de sa vie à construire une église, tout ça pour l'anéantir complètement ? Comment peut-on passer des années à développer une congrégation avant de lui tourner le dos et de disperser et éparpiller les brebis ? Quels sont les motivations de ces gens ? Veulent-ils de l'argent ? Veulent-ils le pouvoir ? Qu'en disent les Écritures ?

Car, si je rebâtis les choses que j'ai détruites, je me constitue moi-même un transgresseur
Galates 2 : 18

Je ne crois pas que cet homme ait suivi un prophète. Il est en vérité possible qu'il ait suivi un démon et un faux prophète. Un jour, Dieu révèlera s'il a suivi un démon, un faux prophète ou le Saint Esprit. La Bible nous enseigne qu'il faut se méfier des faux prophètes et des fausses prophéties. Les faux prophètes et les fausses prophéties causeront votre perte.

Je ne les ai point envoyés, dit l'Éternel, et ils prophétisent le mensonge en mon nom, afin que je vous chasse et que vous périssiez, vous et les prophètes qui vous prophétisent.

Jérémie 27 : 15

3. **L'esprit d'avidité est à l'œuvre chez ceux qui se rebellent et vous quittent.**

PAISSEZ LE TROUPEAU DE DIEU qui est sous votre garde, non par contrainte, mais volontairement, selon Dieu ; NON POUR UN GAIN SORDIDE, mais avec dévouement ;

1 Pierre 5 : 2

L'apôtre Pierre savait très bien que de nombreux ministres nourriraient le troupeau de Dieu par appât du gain. Et il l'a clairement affirmé : « Paissez le troupeau de Dieu ; non pour un gain sordide ».

L'argent est la source de toutes les ruptures

L'argent est la source de tous les maux. Selon mon humble expérience, la racine de presque toutes les situations de ruptures dans l'église se trouve dans l'argent. La racine du mal qui s'abat sur les églises et les divise se trouve dans l'argent. Je vais vous donner un petit exercice à faire. Analysez soigneusement ces gens qui vous quittent dans la colère et la rébellion. Vous serez surpris de constater que presque tous ceux qui vous quittent sont avides d'argent, sous l'emprise de la convoitise. Ils vous ont peut-être quitté en vous accusant d'avoir commis de terribles péchés, mais tout ce qu'ils veulent, c'est de l'argent. Malheureusement, un grand nombre de nos décisions est dicté par notre soif d'argent ou de contrôle de l'argent.

C'est le pasteur Guéhazi qui perdit son ministère à cause de sa cupidité. La plupart d'entre nous refusent d'admettre que nous désirons toujours plus d'argent. Malheureusement, de nombreuses décisions sont motivées par le désir d'argent.

Regardez ce qui est arrivé à Guéhazi, le serviteur d'Élisée. Son maître refusa l'argent de Naaman le syrien. Poussé par la cupidité, Guéhazi mentit et prit l'argent pour lui seul. En agissant ainsi, Guéhazi déshonora le ministère d'Élisée. Élisée maudit Guéhazi, et au lieu de devenir prophète, Guéhazi fut frappé par la lèpre.

La lèpre de Naaman s'attachera à toi et à ta postérité pour toujours. Et Guéhazi sortit de la présence d'Élisée avec une lèpre comme la neige.

2 Rois 5 : 27

Certains ne sont pas appelés à diriger, et pourtant, ils veulent diriger. Ils tournent un regard avide vers les possessions de leurs supérieurs. Ils tournent un regard avide vers les voitures et les maisons de leurs patrons ! Certains ne seraient toujours pas satisfaits si vous leur donniez votre femme. Ils ne veulent pas seulement avoir ce que vous avez. En réalité, ils veulent être à votre place ! Certains sont tellement avides que tout ce qu'ils veulent, c'est vous remplacer. Ils veulent être à votre place !

La Bible dit : « Gardez-vous avec soin de toute avarice.» Le fils prodigue avait tout ce dont il avait besoin chez lui. Vous souvenez-vous de ce qu'il dit lorsqu'il se trouva dans le besoin ? Il déclara que même les serviteurs dans la maison de son père mangeaient à leur faim.

Le mécontentement et l'avidité l'incitèrent à quitter l'endroit où il disposait de tout ce dont il avait besoin. Les démons le poussèrent à poursuivre des chimères. Lorsque quiconque est sous l'emprise d'esprits maléfiques, il se retrouve dans une contrée sombre et stérile. C'est le Seigneur qui conduit les hommes aux verts pâturages. Et c'est le diable qui les conduit vers la désolation.

Puis il leur dit : Gardez-vous avec soin de toute avarice ; car la vie d'un homme ne dépend pas de ses biens, fût-il dans l'abondance.

Luc 12 : 15

Avez-vous un esprit avide ? Que l'avertissement de l'apôtre Paul vous guide et vous délivre de cette cupidité destructrice :

C'est, en effet, une grande source de gain que la piété avec le contentement ; car nous n'avons rien apporté dans le monde, et il est évident que nous n'en pouvons rien emporter ; si donc nous avons la nourriture et le vêtement, cela nous suffira.

1 Timothée 6 : 6-8

4. **L'esprit d'indépendance est à l'œuvre chez ceux qui se rebellent et vous quittent.**

Il dit encore : Un homme avait deux fils. Le plus jeune dit à son père : Mon père, DONNE-MOI LA PART DE BIEN QUI DOIT ME REVENIR. Et le père leur partagea son bien. Peu de jours après, le plus jeune fils, ayant tout ramassé, partit pour un pays éloigné, où il dissipa son bien en vivant dans la débauche.

Luc 15 : 11-13

Il y a des gens qui ne pensent qu'à la manière dont ils pourraient devenir indépendant. Je crois en l'indépendance, mais toutes les formes d'indépendance ne sont pas bonnes. L'indépendance qui tue ou détruit le reste de l'organisme est maléfique. L'indépendance prématurée est maléfique. L'indépendance obtenue aux dépends de l'honneur des parents est maléfique.

L'esprit d'indépendance est un esprit de cancer

Ceux qui ont un esprit d'indépendance sont sans doute susceptibles d'exhiber les formes les plus dangereuses de rébellion. Un esprit indépendant est plus facile à comprendre lorsqu'on observe la nature du cancer. Le cancer débute lorsqu'une petite partie du corps décide de se développer indépendamment du reste. Le cancer du sein, le cancer de l'estomac, le cancer du rectum et le cancer du cerveau tuent les organismes de leurs victimes à cause de leur indépendance.

Ceux qui ont l'esprit d'indépendance sèment de graves troubles au sein des églises et des équipes de leaders. Leur comportement et leurs activités indépendantes sont gênantes parce qu'ils provoquent confusion et incertitude au sein de l'organisme. Le reste de l'organisme ne sait pas comment réagir face à leurs actions indépendantes. Pouvez-vous imaginer ce que peut ressentir le corps lorsqu'il ne sait pas si le sein a l'intention de tuer l'organisme entier ? Devons-nous conserver ce sein, ou devons-nous en faire l'ablation ? En réalité, c'est une analyse microscopique poussée et minutieuse qui permettra de décider si l'indépendance d'une partie du sein risque de tuer le reste du corps. C'est effectivement difficile d'identifier les esprits indépendants dangereux et potentiellement mortels, et d'y faire face.

L'indépendance prématurée

Dans le ventre de sa mère, un bébé dépend totalement de sa mère pour survivre.

Dans le ventre de sa mère, un bébé est lié à celle-ci. Cette dépendance totale ne dure pas éternellement, elle ne dure que neuf mois. Au bout d'un certain temps, il est important que le bébé se détache de sa mère. La nature elle-même nous montre que l'indépendance est nécessaire. Toutefois, si le bébé devient indépendant trop tôt, il mourra.

Que cela serve de sévère mise en garde pour ceux qui souhaitent l'indépendance à tout prix et à tout moment. Il se trouve également que si l'on coupe mal le cordon ombilical, le bébé risque des infections potentiellement mortelles.

L'indépendance qui déshonore les parents

Cet exemple illustre également le fait que l'indépendance mal acquise peut également vous tuer. Vous ne pouvez pas acquérir votre indépendance sans dûment honorer vos parents. Un enfant qui quitte ses parents dans la colère et la rébellion court à sa propre perte. Un enfant qui méprise la maison dans laquelle il a grandi verra la destruction le frapper. Un enfant qui devient indépendant et oublie qui a pris soin de lui et l'a aimé déshonore ses parents.

L'indépendance mal acquise, au mauvais moment, est maléfique. L'indépendance acquise pour de mauvaises raisons est également maléfique. Certains pasteurs qui sont devenus indépendants alors que Dieu ne les avait pas envoyés réalisent qu'il n'est pas si facile d'être indépendant.

Je me souviens d'un pasteur rebelle qui quitta son église en proférant des menaces et des injures. Il se vantait : « Donnez-moi six mois, et je vous montrerai comment véritablement faire croître une église ! » Il évoquait toutes les grandes choses qu'il allait accomplir maintenant qu'il était seul.

Cependant, les années passèrent, et comme le fils prodigue, il se rendit compte que la vie et le ministère étaient plus compliqués qu'ils n'y paraissent ! L'esprit de « mauvaise indépendance », c'est l'esprit qui conduit quelqu'un à l'indé-pendance, mais de la mauvaise manière. L'indépendance est une bonne chose si elle est inspirée, conçue et dirigée par Dieu.

Les gens qui partent et acquièrent la « mauvaise indépendance » semblent souvent trouver très rapidement le succès. L'esprit de « mauvaise indépendance » aime le succès voyant, rapide et instantané. Mais l'homme qui bâtit sa maison sur le roc sera forcément plus lent que celui qui la bâtit sur le sable. Ne vous laissez pas tenter par la vanité du succès temporaire.

L'indépendance spirituelle divine

L'apôtre Paul était indépendant. Il disait n'avoir consulté personne. Lisez ses paroles :

[...] car je ne l'ai ni reçu ni appris d'un homme, mais par une révélation de Jésus Christ [...] je ne consultai ni la chair ni le sang [...]

Galates 1 : 12,16

Paul nous dit là que dans son ministère, il est indépendant de tout homme. Toutefois, Timothée n'était pas indépendant. Paul écrivit à Timothée et lui dit exactement ce qu'il devait faire et ce qu'il devait prêcher. En lisant le livre de Timothée, vous remarquerez qu'il contient de très nombreuses instructions venant de Paul. Dans le ministère, Timothée dépendait de Paul. Paul lui transmit de nombreuses instructions. En voici quelques-unes :

Que personne ne méprise ta jeunesse ; mais sois un modèle pour les fidèles, en parole, en conduite, en charité, en foi, en pureté. Jusqu'à ce que je vienne, applique-toi à la lecture, à l'exhortation, à l'enseignement. Ne néglige pas le don qui est en toi, et qui t'a été donné par prophétie avec l'imposition des mains de l'assemblée des anciens. Occupe-toi de ces choses, donne-toi tout entier à elles, afin que tes progrès soient évidents pour tous. Veille sur toi-même et sur ton enseignement ; persévère dans ces choses, car, en agissant ainsi, tu te sauveras toi-même, et tu sauveras ceux qui t'écoutent.

1 Timothée 4 : 12-16

Toi donc, mon enfant, fortifie-toi dans la grâce qui est en Jésus Christ. Et ce que tu as entendu de moi en présence de beaucoup de témoins, confie-le à des hommes fidèles, qui soient capables de l'enseigner aussi à d'autres.

2 Timothée 2 : 1-2

Lorsqu'elle est un ordre de Dieu, l'indépendance est une bonne chose, mais lorsqu'elle ne vient pas de Dieu, elle provoque la destruction et la mort. Ceux qui quittent les positions que Dieu leur avait conférées afin d'acquérir leur indépendance n'arrivent souvent pas à grand-chose, et s'en voient frustrés. De nombreuses églises soi-disant « indépendantes » ont acquis leur indépendance de la mauvaise manière et au mauvais moment.

5. L'esprit insensé est à l'œuvre chez ceux qui se rebellent et vous quittent.

Certains quittent leur position parce qu'ils sont frappés par un esprit insensé. L'esprit insensé, c'est le contraire de la sagesse. On reconnaît un insensé à ses décisions déraison-nables, qui mènent à la désolation et à la pauvreté. Pourquoi prendre une décision qui détruit votre vie ?

Il est difficile de deviner pourquoi les gens font certaines choses. Mais dans la vie, nombreux sont ceux qui prennent des décisions insensées qui causent leur perte. La sottise et l'obstination vont de pair. Un insensé est souvent têtu et inflexible. On reconnaît souvent un insensé à sa réaction face aux conseils. En effet, un insensé vous en voudra de lui donner des conseils avisés. C'est l'un des traits principaux de l'esprit insensé.

Je suis sûr que nombreux sont ceux qui ont essayé de dissuader le fils prodigue de partir. Son père, sa mère, ses oncles et ses tantes ont peut-être tenté de lui donner des conseils. Mais l'esprit insensé rend sourd aux conseils.

[...] les insensés méprisent la sagesse et l'instruction.
Proverbes 1 : 7

Puisque vous rejetez tous mes conseils, Et que vous n'aimez pas mes réprimandes.
Proverbes 1 : 25

Si vous avez l'esprit insensé, vous détestez les conseils. Vous détestez celui qui vous conseille. Lorsque vous fermez la porte aux conseils divins, vous fermez également la porte à de grandes opportunités et bénédictions !

En voulez-vous à vos pasteurs ? Êtes-vous en colère contre ceux qui vous donnent des conseils ? Alors vous être peut-être frappé par l'esprit insensé !

L'entêtement et la rébellion sont liés. Vous trouverez souvent la rébellion allant de pair avec l'entêtement. « Ils diront aux anciens de sa ville : Voici notre fils qui est INDOCILE ET REBELLE, qui n'écoute pas notre voix, et qui se livre à des excès et à l'ivrognerie.» (Deutéronome 21 : 20). Staline, le dirigeant russe qui causa la mort de millions de ses concitoyens, était notoirement entêté. Il fut renvoyé de ses cours d'instruction biblique à cause de ses prises de positions indociles. Hitler, qui a également commis un génocide, était également connu pour son caractère têtu pendant son enfance.

On constate souvent le triple syndrome de l'esprit insensé, de l'entêtement et de la rébellion chez la plupart de ceux qui provoquent des divisions et des ruptures au sein de l'église.

Ceux qui quittent brusquement l'église en détruisant tout ce qu'ils peuvent dans leur sillage sont souvent possédés par ce démon à triple action : l'esprit insensé, l'entêtement et la rébellion.

6. **L'esprit de l'égoïsme est à l'œuvre chez ceux qui se rebellent et vous quittent.**

Et vous, mes brebis, ainsi parle le Seigneur, l'Éternel : Voici, je jugerai entre brebis et brebis, entre béliers et boucs.

Est-ce trop peu pour vous de paître dans le bon pâturage, pour que VOUS FOULIEZ DE VOS PIEDS LE RESTE DE VOS PÂTURAGES ? De boire une eau limpide, pour que vous troubliez le reste avec vos pieds ?

Et mes brebis doivent paître ce que vos pieds ont foulé, et boire ce que vos pieds ont troublé !

Ezéchiel 34 : 17-19

Ceux qui vous quittent sont souvent égoïstes. Une personne égoïste ne se soucie pas de ce qui arrive aux autres. Tout ce dont elle se préoccupe, c'est d'obtenir ce qu'elle veut.

Lorsque le fils prodigue quitta sa maison, il a dû causer un grand embarras pour sa famille.

Des amis ont dû demander à son père : « Il paraît que votre fils nourrit des porcs à l'autre bout du désert. Est-ce vrai ? »

Pouvez-vous imaginer les questions qu'ont soulevé les actions de ce fils ? Que s'est-il passé ? Pourquoi est-il parti ? Que se passait-il chez lui ? Pourquoi a-t-il voulu la part des biens qui lui revenait ? Son père se montrait-il cruel envers lui ? A-t-il été victime d'abus ?

Pouvez-vous imaginer les rumeurs qui couraient dans la ville ?

Il paraît que les deux fils sont nés de mères différentes.

Il paraît que la famille est en train de se séparer.

Il paraît que le père est un homme difficile à vivre.

Mais le fils prodigue ne se souciait pas de ce quiconque pensait. Cela ne le dérangeait pas que les gens donnent mauvaise réputation à son père.

De nombreux « déserteurs » adoptent cette attitude égoïste.

Je me rappelle avoir donné ma bénédiction à un certain pasteur alors qu'il m'avait informé de son départ. Je fus stupéfié de voir à quel point il se retourna contre moi après son départ.

Non, il ne partit pas dans le calme. Il répandit des rumeurs infondées sur l'église et me causa de nombreux problèmes. À cause de lui, je prie rarement pour ceux qui me font part de leur décision de me quitter. J'attends désormais de voir comment ils se comportent après leur départ.

De nombreux pasteurs ne se soucient guère de ce qui se produit dans l'église qui a pris soin d'eux. Bien qu'ils en aient tiré profit pendant de nombreuses années, ils ne rechignent pas à la détruire dans un accès de colère.

Car, si je rebâtis les choses que j'ai détruites, je me constitue moi-même un TRANSGRESSEUR.

Galates 2 : 18

Ces égoïstes empêchent les autres de bénéficier de ce dont ils ont bénéficié pendant des années. « Est-ce trop peu pour vous de paître dans le bon pâturage, pour que vous fouliez de vos pieds le reste de votre pâturage ? » (Ezéchiel, 34 :18).

Comment peut-on paître dans le bon pâturage et fouler le reste de ses pieds ?

Que restera-t-il à manger pour les autres ? Ne soyez pas égoïstes !

Est-ce trop peu pour vous de boire de l'eau limpide pour ensuite y excréter ? Que restera-t-il à boire pour les autres ?

Il y a des gens qui ont beaucoup bénéficié d'une église pendant plusieurs années. Lorsqu'ils décident de la quitter, ils font une scène, et répandent des rumeurs qui nuisent à la réputation de l'église et de son pasteur.

Lorsque ces égoïstes quittent une église, le reste de la congrégation ne sait en général plus quoi penser. Ils ne savent plus s'ils font partie ou non d'une bonne église, ou si le pasteur est ou non un bon pasteur. Malheur à ceux qui foulent égoïstement de leurs pieds les pâturages qui pourraient nourrir les autres.

Tout le monde a grandi quelque part. J'ai grandi au sein de différents groupes. J'ai appartenu à un groupe chrétien qui s'appelait « Calvary Road Incorporated ». J'y ai acquis de nombreuses compétences qui me servent dans mon ministère, et j'en suis reconnaissant. Aujourd'hui, je n'appartiens plus à ce groupe, mais le fait que je n'en sois plus membre ne signifie pas que je devrais le détruire. C'est le pâturage dans lequel j'ai grandi, c'est l'eau à laquelle j'ai bu !

Est-ce donc trop peu de paître dans un pâturage pour le fouler ensuite de ses pieds, afin que personne d'autre ne puisse en profiter ? Est-ce trop peu de boire de l'eau pour ensuite uriner dans la source, afin que personne d'autre ne puisse boire ?

Mais c'est exactement ce qui se produit lorsque les gens quittent une église. Ils disent du mal de l'endroit dont ils viennent.

Quelqu'un a-t-il joué le rôle d'un père pour vous, vous éduquant dans le ministère ?

Alors n'oubliez pas que vous n'êtes pas le seul enfant qu'il éduquera. D'autres que vous devront bénéficier de l'enseignement de cet homme de Dieu.

N'urinez pas dans l'eau que vous venez de boire. N'urinez pas sur votre père. Lorsque vous quittez une église, ne déféquez pas sur le seuil. Ne laissez pas derrière vous une odeur douteuse et nauséabonde lorsque vous partez avec colère.

Si vous voulez partir, alors je vous en prie, partez donc ! Partez dans le calme et priez pour recevoir une bénédiction.

7. L'esprit de tromperie est à l'œuvre chez ceux qui se rebellent et vous quittent.

Lorsque les mille ans seront écoulés, Satan sera relâché de sa prison et IL S'EN IRA TROMPER LES NATIONS DES QUATRE COINS DE LA TERRE, Gog et Magog. IL LES RASSEMBLERA POUR LE COMBAT, en troupes innombrables comme les grains de sable au bord des mers.
Apocalypse 20 : 7-8 (La Bible du Semeur)

Derrière la plupart des conflits se trouve un esprit maléfique. C'est l'esprit de Satan qui rassemble les hommes de Dieu et les pousse à entrer en conflit les uns contre les autres. Vous remarquerez dans le passage ci-dessus que dès que Satan fut sorti de sa prison, il rassembla les hommes afin qu'ils se battent et s'entretuent. Satan parvient à tromper les gens pour les pousser à se battre les uns contre les autres.

C'est l'esprit de tromperie qui nous pousse à nous tourner les uns contre les autres. Lorsque le Saint Esprit est en vous, vous ne vous retournez pas contre votre père et vos frères. Lorsque l'esprit de Satan est à l'œuvre en vous, vous combattrez vos pères et vos frères dans le ministère. C'est votre comportement lorsque vous partez qui révèle le type d'esprit qui vous anime.

8. L'esprit d'ingratitude est à l'œuvre chez ceux qui se rebellent et vous quittent.

De celui qui rend le mal pour le bien Le mal ne quittera point la maison.

Proverbes 17 : 13

Parmi ceux qui vous quittent, nombreux sont ceux qui sont possédés par l'esprit d'ingratitude. Ils ne se souviennent pas de tout ce qui a été fait pour eux au fil des ans. La plupart des gens n'apprécient pas ce qui a été fait pour eux. En fait, la plupart des gens ne se rendent même pas compte de ce qui a été fait pour eux ! Si les gens se souvenaient de ce qui a été fait pour eux, ils se comporteraient d'une manière bien différente.

En tant que père, je comprends à présent ce que mes parents ont dû traverser afin de me donner ce que j'ai aujourd'hui. Ne faites pas de mal à quiconque vous a fait du bien, qu'il s'agisse de votre pasteur, votre mère, votre père, votre belle-mère, votre beau-père, ou qui que ce soit d'autre.

Jérémie a souffert à cause de gens ingrats. Il se demanda si le mal venait récompenser le bien. Il se plaint à Dieu que les membres de son église avaient creusé une fosse pour lui ôter la vie. Puis il rappela à Dieu qu'il avait plaidé en leur faveur en de nombreuses occasions. Puis il les maudit !

Le mal sera-t-il rendu pour le bien ?

Jérémie 18 : 20a

[...] Souviens-t'en, je me suis tenu devant toi, Afin de parler en leur faveur, Et de détourner d'eux ta colère.

Jérémie 18 : 20b

C'est pourquoi livre leurs enfants à la famine, Précipite-les par le glaive [...] Qu'on entende des cris sortir de leurs maisons [...] Ne pardonne pas leur iniquité [..]. Le mal sera-t-il rendu pour le bien ?

Jérémie 18 : 21-23, 20

La Bible indique clairement que les malédictions suivent les ingrats. Les gens sont généralement ingrats.

Certains enfants, en grandissant, insultent leurs parents et se conduisent mal envers eux. Mais même si votre mère est une prostituée, elle reste votre mère. Même si votre père est un criminel, il reste votre père ! Respectez-les et soyez-leurs reconnaissant de vous avoir mis au monde.

Tous les ministères de l'Évangile devraient savoir que les gens sont en général ingrats. Si vous croyez que les gens apprécieront vos efforts, vous êtes naïf. Jésus le savait ! Il en a fait l'expérience ! Un jour, une foule en colère tenta de tuer Jésus, et il demanda :

[...] Je vous ai fait voir plusieurs bonnes œuvres venant de mon Père : POUR LAQUELLE ME LAPIDEZ-VOUS ?

Jean 10 : 32

9. **L'esprit de fierté est à l'œuvre chez ceux qui se rebellent et vous quittent.**

Par la grandeur de ton commerce Tu as été rempli de violence, et tu as péché ; Je te précipite de la montagne de Dieu, Et je te fais disparaître, chérubin protecteur, Du milieu des pierres étincelantes. Ton cœur s'est élevé à cause de ta beauté, Tu as corrompu ta sagesse par ton éclat ; Je te jette par terre, Je te livre en spectacle aux rois. Par la multitude de tes iniquités, Par l'injustice de ton commerce, Tu as profané tes sanctuaires ; Je fais sortir du milieu de toi un feu qui te dévore, Je te réduis en cendre sur la terre, Aux yeux de tous ceux qui te regardent.

Ezéchiel 28 : 16-18

Les enfants de Satan sont les enfants de l'orgueil

L'esprit de Satan, c'est l'esprit d'orgueil. Cet esprit orgueilleux, c'est sans doute l'esprit le plus communément à l'œuvre chez les « déserteurs ». Satan est le parfait exemple du « déserteur » rebelle. C'est également l'esprit orgueilleux qui vient défier le trône de Dieu. L'esprit orgueilleux se vante et bafoue les autorités légitimes. Les enfants de Satan sont les enfants de l'orgueil.

Il regarde avec dédain tout ce qui est élevé, Il (Léviathan) est le roi des plus fiers animaux.

Job 41 : 34

Les enfants de l'orgueil ont un esprit qui veut toujours mieux faire. Vouloir toujours mieux faire, c'est se rebeller, et Satan incarne l'esprit de rébellion. Les enfants de l'orgueil ont un esprit qui critique et reprend de manière irréfléchie les autorités, les pères et les hommes de Dieu.

Les enfants de l'orgueil ont une manière de s'exprimer bien particulière. Leurs paroles débordent d'arrogance et de présomption.

Un jour, je rencontrai un pasteur qui avait travaillé avec moi pendant plusieurs années, mais était parti pour fonder sa propre église. Au cours des quelques minutes pendant lesquelles nous avons parlé, il a prononcé plusieurs affirmations rageuses, mais classiques. Il dit :

« Je n'ai pas besoin de vous et vous n'avez pas besoin de moi »

Seuls les enfants de l'orgueil disent « Je n'ai pas besoin de vous et nous n'avez pas besoin de moi. »

C'est l'orgueil qui fait penser aux hommes qu'ils n'ont besoin de personne. Après tout, ils sont suffisamment grands pour se débrouiller tous seuls ! Mais nous avons besoin les uns des autres, et nous ne serons jamais parfaits sans les autres. (Hébreux 11 : 40).

Un autre pasteur, qui avait travaillé avec moi pendant plusieurs années et était également parti fonder sa propre église me dit :

« Je ne vous dois rien »

Mais il me devait la vie, et il ne le savait même pas. Je n'en croyais pas mes oreilles lorsque cet homme à la mémoire courte m'expliqua avec aplomb qu'aucune obligation ne le liait à moi. Bien sûr, celui qui a des dettes est toujours lié à celui qui prête. C'était donc une manière de me dire qu'il ne m'était plus redevable. L'orgueil donne aux gens l'impression qu'ils sont importants, et les pousse à se vanter. C'est également l'esprit qui les incite à vous quitter dans un élan d'arrogance.

Un autre jour, je rendis visite à un pasteur rebelle et tentai de procéder à une réconciliation, mais il refusait de m'écouter. Dans un mouvement de colère, il nous demanda de partir et dit :

« La prochaine fois que vous viendrez, venez avec un peu plus d'*intelligence* »

Mais quoi de plus intélligent que d'essayer de se réconcilier avec son frère ? N'avons-nous pas reçu l'ordre de nous aimer et nous pardonner les uns les autres ? N'avons-nous pas reçu l'instruction de déposer notre offrande à l'autel et de nous réconcilier avec nos frères ?

Un autre jour, j'ai convoqué un pasteur à qui de récents succès dans le ministère avaient fait tourner la tête. Il s'apprêtait à soumettre sa lettre de démission et lancer sa propre carrière. Vous voyez, c'était la première fois qu'il avait goûté aux joies de la croissance d'une église et de l'excitation que lui procurait la réussite de son ministère et de ses enseignements. Il était très recherché, et toutes ses cassettes, CD et DVD étaient très demandés. Je lui demandai de participer à une réunion mais il m'envoya un message qui disait :

« Dites-lui que je ne viendrai pas »

Ces « déserteurs » sont constamment gonflés d'orgueil. Les enfants de l'orgueil se trahissent par la manière dont ils s'expriment. Les enfants de l'orgueil portent en eux l'esprit du Léviathan, l'esprit de Lucifer, le chef incontesté de tous les rebelles.

10. L'esprit de méchanceté est à l'œuvre chez ceux qui se rebellent et vous quittent.

On vint dire à David : Achitophel est avec Absalom parmi les conjurés. Et David dit : Ô Éternel, réduis à néant les conseils d'Achitophel !

2 Samuel 15 : 31

Achitophel dit à Absalom : Laisse-moi choisir douze mille hommes ! Je me lèverai, et je poursuivrai David cette nuit même. Je le surprendrai pendant qu'il est fatigué et que ses mains sont affaiblies, je l'épouvanterai, et tout le peuple qui est avec lui s'enfuira. Je frapperai le roi seul.

2 Samuel 17 : 1-2

Achitopel était le conseiller et l'ami du roi David. Il se retourna contre lui et proposa de lever une armée de douze mille hommes pour assassiner son vieil ami. Lorsque quelqu'un entame une démarche pour vous détruire, ainsi que tout ce que vous représentez, cette personne est animée de l'esprit de méchanceté.

Parmi ceux qui quittent les églises, nombreux sont ceux qui sont frappés de cet esprit de méchanceté. Ils croient que leur départ va vous achever, et c'est ce qu'ils veulent. Et ils s'étonnent de vous voir continuer à prospérer après le coup qu'ils vous ont assené.

Elle croyait pouvoir l'achever

Un jour, l'épouse d'un grand prophète américain décida de quitter son mari. Elle prétendait qu'il n'avait pas le temps de répondre à ses besoins émotionnels. Le pasteur supplia sa femme de ne pas le quitter, mais elle refusa de l'écouter. Finalement, lorsqu'il en fut ainsi, des avocats commencèrent à établir les clauses de la séparation. La femme exigeait une énorme somme d'argent en guise de compensation. Puis elle délivra le coup de grâce et exigea que cette somme lui soit entièrement versée avant que l'église ne soit informée du divorce.

Visiblement, elle pensait que l'annonce de ce divorce détruirait la réputation de son mari, et qu'ainsi, l'église en souffrirait beaucoup sur le plan financier, et qu'il lui serait alors difficile de toucher cette somme.

Alors qu'elle savait que sa démarche détruirait son mari, elle divorça tout de même. Elle ne souciait pas des ravages que cela provoquerait sur son époux et son église. C'est l'esprit de méchanceté qui pousse les gens à entamer des démarches qui vous anéantissent et mettent un terme à votre ministère ! Et pourtant, il survécut et continua de prophétiser la parole de Dieu.

L'homme miracle avait tort !

Un grand évangéliste avait un ministre associé que l'on appelait l'homme miracle. Le travail de l'homme miracle consistait uniquement à prier pour les malades à chaque croisade. Lorsque l'évangéliste avait fini de prêcher le puissant message de l'Évangile, son associé montait sur scène et priait pour les malades.

Un jour, l'homme miracle décida brusquement de quitter le ministère. L'évangéliste fut choqué et déçu d'assister au départ de l'homme sur lequel il avait compté pendant longtemps. Lors de la croisade suivante, l'évangéliste fut néanmoins obligé de prier lui-même pour les malades. Il était nerveux et intimidé, mais il commença à exercer cette fonction auprès des malades, avec succès.

Après la croisade, l'évangéliste entendit l'un de ses collègues dire : « L'homme miracle avait tort. »

L'évangéliste demanda alors : « Pourquoi dites-vous que l'homme miracle avait tort ? »

Le frère révéla : « Avant de partir, l'homme miracle avait déclaré : 'Après mon départ, l'évangéliste sera un homme fini. ' Mais je vois maintenant que l'homme miracle avait tort.

Vous n'êtes pas un homme fini. Le ministère se poursuit avec puissance, force et gloire. »

En effet, les gens déloyaux sont méchants. Ils croient pouvoir vous anéantir et vous réduire pour toujours au silence. Comme ils sont déçus de vous voir continuer d'avancer. En secret, ils se renseignent à propos de vous, en faisant des recherches sur internet et en regardant la télévision, et ils sont tout à fait stupéfaits d'apprendre que vous vous portez encore mieux sans eux.

Les pasteurs qui ne prennent pas les gens déloyaux au sérieux ne savent pas que ces gens sont également méchants.

Croyez-moi, cher ami, il existe un esprit déloyal et méchant qui ne demande qu'à vous anéantir. Il existe un esprit qui se prépare à détruire votre église, vos finances, votre réputation et votre avenir. Si vous prenez la déloyauté à la légère, vous risquez de tout perdre.

11. L'esprit abattu est à l'œuvre chez ceux qui se rebellent et vous quittent.

Pour accorder aux affligés de Sion, Pour leur donner un diadème au lieu de la cendre, Une huile de joie au lieu du deuil, Un vêtement de louange au lieu d'un ESPRIT ABATTU, Afin qu'on les appelle des térébinthes de la justice, Une plantation de l'Éternel, pour servir à sa gloire.

Esaïe 61 : 3

Il existe bel et bien un *esprit abattu*. L'esprit abattu, c'est l'esprit de dépression. Lorsque les gens traversent une dépression, ils s'enfoncent profondément dans des pensées négatives. Leur moral est très bas et ils ont tendance à tout voir de manière désespérée. J'ai connu plusieurs personnes qui n'ont pas réussi à partager leurs idées noires et les doutes qui hantaient leur cœur.

Ces idées noires et négatives les ont finalement poussées à me quitter, même si je les aimais beaucoup.

Ils démissionnèrent et quittèrent tout ce qui leur tenait à cœur, sans même poser les questions d'usage ou s'exprimer un tant soit peu. Parfois, ces gens déprimés n'ont même pas eu le courage de démissionner.

Ceux qui sont disposés à la mélancolie ont tendance à tomber sous l'emprise de ce démon. La dépression est un esprit puissant qui peut conduire les gens au suicide. De la même manière, lorsque les gens ont l'esprit abattu, ils peuvent commettre un suicide spirituel et dans le domaine de leur ministère. D'un seul coup, ceux qui souffrent de dépression et de pensées négatives peuvent prendre des décisions qui détruisent leur ministère.

Je suis sûr que vous pouvez voir les points communs entre le suicide physique, le suicide spirituel et le suicide dans le ministère.

Chapitre 3

Les messages implicites de ceux qui vous quittent

C'est vous qui êtes notre lettre, écrite dans nos cœurs, connue et LUE DE TOUS LES HOMMES.

2 Corinthiens 3 : 2

1. Ceux qui vous quittent expriment de nombreux messages implicites.

C'est vous qui êtes notre lettre, écrite dans nos cœurs, connue et LUE DE TOUS LES HOMMES.

Vous êtes manifestement une lettre de Christ, écrite, par notre ministère, NON AVEC DE L'ENCRE, mais avec l'Esprit du Dieu vivant, non sur des tables de pierre, mais sur des tables de chair, sur les cœurs.

2 Corinthiens 3 : 2-3

Les « déserteurs » ne devraient même pas clamer leur innocence lorsqu'ils ont entaché la réputation de leurs anciennes églises. Leur vie et leurs actions sont des lettres que tous peuvent lire. Désignant ces « lettres », Paul déclara qu'elles étaient écrites, « non avec de l'encre, mais avec l'Esprit du Dieu vivant ».

Paul dit que tout le monde pouvait lire ces messages même s'ils ne contenaient pas de mots.

Vous voyez, chaque action implique un message implicite et pourtant distinct. Le message exprimé par ceux qui partent, bien souvent, n'est pas écrit avec de l'encre. *C'est un message qui ne contient pas de mots.* Ceux qui partent envoient un message qui ne trompe pas ! Qu'ils le veuillent ou non, tout le monde peut le lire, le voir et le ressentir.

Ceux qui nous quittent aiment à se cacher derrière le fait qu'ils n'ont pas donné les raisons officielles de leur départ. Ils disent que le Saint Esprit leur a parlé. Ils parlent de longues visions que le Seigneur leur a données. Ils prétendent n'avoir rien dit de mal et n'avoir pas de mauvaises intentions derrière leur décision de partir. Mais il y a souvent de multiples raisons qui expliquent pourquoi certaines personnes abandonnent ceux avec qui ils ont vécu pendant plusieurs années.

La plupart du temps ceux qui vous quittent prétendent que Dieu les a contraints à le faire. Mais ceci est souvent un écran de fumée derrière lequel ils peuvent se cacher pour éviter d'autres questions. Pourquoi le départ d'une personne est-il une expérience aussi douloureuse ?

Pourquoi est-ce que le départ d'un leader ou d'un associé de longue date n'est pas une chose qui passe inaperçue ? Pourquoi cela laisse-t-il un arrière goût amer dans la bouche ?

La réponse est simple : les gens qui vous quittent ne vous quittent pas en douceur. Ils laissent un message pour que nous puissions tous réfléchir. Et ce message a en général un effet destructeur !

Il pollue et détruit les personnes qui restent derrière et aide le « *partant* » dans son entreprise.

La plupart de ceux qui partent prétendent que Dieu leur a parlé et apparemment ne donnent aucune raison pour ce qu'ils font. Toutefois au fur et à mesure que le temps passe vous entendrez des bribes de ce qu'ils ont dit. Ces commentaires sont la raison pour laquelle ils sont partis.

2. **Ceux qui vous quittent donnent toujours une raison officielle pour leur départ.**

3. **Ceux qui vous quittent donnent aussi des indices qui expliquent leur départ.**

Par des commentaires sans conséquences, des conversations à bâton rompu, des écrits, des textes, des lettres et des courriels, les personnes qui partent révèlent pourquoi elles partent réellement.

Par le ouï-dire officieux vous assemblerez les pièces qui constituent l'état d'esprit du « partant ».

Vous découvrirez peut-être que la personne était en fait en colère ou amère. Vous découvrirez peut-être que la personne avait toujours nourri l'intention de s'échapper. La personne a pu dire qu'elle ne voulait travailler pour ce ministère que pour une durée de cinq ans. Vous découvrirez peut-être que ces personnes courent après l'argent ou l'indépendance. Il est triste que ce soit le Saint-Esprit qui soit rendu responsable de leurs actions. Les gens qui partent disent toujours que c'est le Saint Esprit qui les a guidés. Vous pouvez tromper certaines personnes pendant un certain temps, mais vous ne pouvez pas tromper tout le monde tout le temps. Pour finir les véritables motifs des actions des personnes sont exposés.

4. **La partie la plus douloureuse du message des gens qui vous quittent sont les questions générées par leur départ.**

    Ceux qui vous quittent génèrent des questions sur tout. Ces questions ne reçoivent souvent pas de réponses et deviennent des rumeurs. Après le départ d'une personne, beaucoup de questions sur votre caractère, votre intégrité, votre leadership et votre sagacité sont lâchées dans l'atmosphère.

    Ces questions douloureuses n'ont pas de réponses toutes faites et mènent à des suggestions, des allégations en ce qui concerne votre caractère. Les gens sont forcés d'évoquer des raisons pour expliquer pourquoi vous avez choisi de partir.

    On pose beaucoup de questions à ceux qui partent:

    Pourquoi avez-vous dû partir ?

    Qu'est-ce qui s'est passé ?

    Y avait-il un problème ?

    Qu'est ce qui ne va pas ?

    Qu'est ce qui se passe dans votre camp ?

    Les gens sont choqués et surpris lorsque quelqu'un part !

Le « partant » sourit complaisamment et offre une vague réponse. Il sait que les gens vont commencer à penser aux raisons pour lesquelles quelqu'un comme lui a été poussé à partir de l'Église. Et c'est exactement ce qu'il souhaite ! Il espère que les gens vont en tirer les conclusions qu'il souhaite.

Je veux que vous compreniez le message implicite et non-dit des gens qui vous quittent. Lorsque vous comprendrez ce qu'ils essaient de faire, cela vous aidera à les combattre dans l'esprit et à surmonter les assauts d'attaques démoniaques contre votre esprit. Grâce à ce chapitre vous allez vous fortifier contre les attaques du diable qui vous assaillent lorsque les gens vous quittent.

5. Les gens qui vous quittent envoient le même message que Jéroboam délivra à Israël.

L'histoire du départ de Jéroboam illustre le cas typique du « *partants* » qui représente toutes les caractéristiques de celui qui part et se rebelle contre l'autorité.

Roboam et Jéroboam ont des noms qui se ressemblent. Beaucoup d'entre nous ne connaissent pas ou ne se rappellent pas de la différence entre ces messieurs. Si vous vous souvenez que la lettre « R » représente celui qui est de par la loi « reconnu » cela vous aidera à vous souvenir que Roboam était l'héritier reconnu de Salomon. En revanche, Jéroboam qui avait travaillé comme serviteur du roi Salomon s'était rebellé contre Roboam et était parti avec dix des douze tribus d'Israël.

Dieu a permis que cela arrive en raison des erreurs de Salomon. Dix des douze membres du royaume de Roboam furent perdus de par les actions de Jéroboam. Dieu a permis que cette terrible expérience arrive en raison des erreurs de Salomon. Bien que le Seigneur ait permis à Jéroboam de réussir, l'histoire offre une illustration vive du comportement des « partants » et du message qu'ils laissent dans leur sillage.

Dieu a permis à Judas de trahir le Seigneur et d'apporter la volonté de Dieu à travers la croix. Mais l'histoire de Judas nous enseigne une leçon de valeur en ce qui concerne les traitres et la déloyauté. De la même façon, Dieu a permis à Jéroboam de quitter Roboam et de réduire son royaume (église) de plus de quatre-vingts pourcent.

Bien que le Seigneur l'ait autorisé, ceci nous offre des leçons de valeur en ce qui concerne le fonctionnement des « partants » et des rebelles. Ceci aidera tous les leaders à mûrir et combattre le fléau des hommes fiers et méchants qui s'élèvent pour disperser Son église. Le Seigneur prophétisa qu'après Son départ des loups avides entreraient dans son troupeau pour le disperser. Jéroboam a dispersé le troupeau d'Israël qui n'a plus jamais été le même.

Tout bon pasteur doit être capable de s'élever et de combattre l'esprit de Jéroboam et l'esprit de Judas. N'autorisez pas les traitres à opérer librement dans votre système. N'autorisez pas l'esprit de Jéroboam à opérer dans votre église.

L'esprit de Jéroboam est l'esprit de la rébellion ! Après que le Seigneur ait utilisé Jéroboam pour faire valoir Sa volonté, Il rendit un jugement très sévère sur Jéroboam et toute sa famille. Toute la famille de Jéroboam fut balayée de la surface de la terre comme un jugement contre lui.

C'est uniquement parce que Salomon a désobéi au Seigneur que le diable a eu un accès à Israël pour le dévaster. Jéroboam ne fut que l'instrument physique qui déclencha l'offensive du diable contre le royaume de David et Salomon.

6. **Ceux qui partent envoient un message disant qu'il existe une alternative à votre église.**

Après s'être consulté, le ROI FIT DEUX VEAUX D'OR et il dit au peuple : Assez longtemps vous êtes montés à Jérusalem ; Israël ! Voici ton Dieu qui t'a fait sortir du pays d'Egypte ! IL PLAÇA L'UN DE CES VEAUX À BÉTHEL ET IL MIT L'AUTRE À DAN. Ce fut là une occasion de péché. Le peuple alla devant l'un des veaux jusqu'à Dan.

1 Rois 12 : 28-30

Jéroboam, l'exemple classique du « partant » établi un centre de culte différent pour Israël. Il leur fit croire qu'ils avaient le choix de ne pas pratiquer le culte à Jérusalem : « Jérusalem n'est pas le seul endroit où vous pouvez trouver Dieu, vous pouvez aussi le trouver à *Dan* et *Bethel*. » Très souvent, c'est le message de ceux qui s'en vont.

Lorsqu'un pasteur établit une église près d'un ministère auquel il appartenait, que pensez-vous que cela envoie comme message ? Il dit au tout-venant « un tel et un tel » n'est pas le seul lieu de culte. « Il existe des alternatives à l'église à laquelle vous appartenez. Mon nouveau ministère est une alternative à cette église. Pourquoi ne pas essayer quelque chose de nouveau ? Vous allez découvrir une nouvelle expérience de culte sous ma nouvelle direction. Vous serez surpris de constater que vous pouvez avoir tout ce que vous aviez dans l'ancien lieu et plus dans mon nouveau ministère alternatif. »

Tel est le message non-dit mais implicite de la multitude de pasteurs qui quittent les églises dans la colère et la rébellion. Ils disent : « Je vais vous donner une leçon. Je vais montrer au monde entier qu'il existe des alternatives à votre ministère. Nous ne devons pas tous aller à l'église de cet homme. » Ils déstabilisent les membres dévoués en leur donnant d'autres options. Ce message disperse la congrégation et sème la confusion.

J'ai eu des pasteurs associés qui m'ont quitté et ont commencé des églises à une courte distance de la mienne. Pourquoi pensez-vous qu'ils ont commencé ces églises si près de leur ancienne maison ? Ils voulaient précisément que les gens qui étaient fidèles à mon église voient en leur nouvelle église un autre lieu de culte.

7. **Les gens qui vous quittent laissent un message qui dit « je suis aussi bon que vous ».**

JÉROBOAM ÉTABLIT UNE FÊTE au huitième mois, le quinzième jour du mois, COMME LA FÊTE QUI SE CÉLÉBRAIT EN JUDA et il offrit des sacrifices sur l'autel […]

1 Rois 12 : 32

Jéroboam organisa des programmes à Dan et Béthel qui étaient comme les programmes de Jérusalem. Le message subtil : « Je suis aussi bien que vous » ressort clairement de ces actions. Une fois que les gens reçoivent le message disant : « ce qui est ici est aussi bon que ce qui est là », ils peuvent avoir des raisons suffisantes pour partir.

Bien qu'ils ne veuillent pas l'admettre, la plupart des « partants » mettent en place des solutions alternatives à l'endroit d'où ils viennent et disent : « Ce que nous avons ici est aussi bon que ce qu'il a là-bas. »

Je me souviens d'un de ces pasteurs dissidents qui promettait qu'il ne se comporterait pas de cette façon. Peu de temps avant, j'avais déjà réalisé qu'il avait, en fait, commencé une église à une courte distance de l'église dans laquelle il avait été pasteur pendant cinq ans. De toute évidence, il avait mis en place une solution alternative à son ancienne église. Il disait à tout le monde : « Vous n'avez plus besoin d'aller là-bas. Vous pouvez venir ici ! »

Évidemment, il y avait de nombreux membres crédules dans l'église qui ont vu l'emplacement de sa nouvelle église comme une alternative pratique.

Pour ajouter l'insulte à l'injure, ce pasteur rebelle poursuivit en envoyant des invita-tions personnelles aux membres de mon église chaque fois qu'il était sur le point d'avoir un programme dans son église. Il utilisa les adresses et les listes de diffusion des gens pour qui il avait été pasteur pendant cinq ans pour inviter tout le monde dans sa nouvelle église « alternative ». Sans dire ces mots exacts, il se présentait comme une alternative en disant : « Ce que j'ai ici est aussi bon que ce qu'ils ont là-bas. »

C'est exactement ce que Jéroboam fit. C'est l'esprit de Jéroboam à l'œuvre ! Jéroboam mit en place des fêtes à Dan et Béthel qui rivalisaient avec les fêtes de Jérusalem. Les pasteurs ayant l'esprit de Jéroboam mettent en place leurs églises et disent : « C'est comme la fête de Juda ! »

Cher Pasteur, vous avez affaire à l'esprit de Jéroboam lorsque vous devez combattre ceux qui établissent leur camp à une courte distance de l'endroit où étaient auparavant.

8. Les gens qui partent envoient un message qui dit que vous êtes une très mauvaise personne et qu'il est très difficile de rester sous votre direction.

Roboam se rendit à Sichem, car tout Israël était venu à Sichem pour le faire roi. Lorsque Jéroboam, fils de Nebath, eut des nouvelles, il était encore en Égypte, où il s'était enfui loin du roi Salomon, et c'était en Égypte qu'il demeurait. On l'envoya appeler. Alors Jéroboam et toute l'assemblée d'Israël vinrent à Roboam et lui parlèrent ainsi : TON PÈRE A RENDU NOTRE JOUG DUR ; TOI MAINTENANT, ALLÈGE CETTE RUDE SERVITUDE ET LE JOUG PESANT QUE NOUS A IMPOSÉ TON PÈRE ET NOUS TE SERVIRONS. Il leur dit: Allez, et revenez vers moi dans trois jours. Et le peuple s'en alla.

1 Rois 12 : 1-5

Jéroboam dit clairement que cela avait été une expérience terrible que de travailler sous Salomon. Il décrit le travail accompli pour Salomon comme une « rude servitude». Il dit : « Ton père a rendu notre joug dur. Nous ne pouvons pas continuer à vivre dans ces conditions terribles et insupportables.» Tel est le message que les gens qui quittent veulent transmettre au reste du monde : *« C'était un endroit difficile à vivre ! Appartenir à cette équipe fut une expérience intolérable et très difficile. »*

Pourquoi les gens partiraient si ce n'était pas insupportable ? Il doit y avoir une bonne raison pour laquelle ils ont dû partir.

Qu'ils le disent ou non ce message est implicite chez les « partants ». C'est la raison pour laquelle être abandonné ou laissé par quelqu'un qui a appartenu à votre équipe pendant de nombreuses années est une expérience si désagréable. Il plane toujours un soupçon que vous étiez une personne difficile à vivre et que c'est la raison pour laquelle les gens ont dû partir.

Jéroboam est le meilleur exemple d'une personne qui quitte votre équipe de la pire façon possible.

Ce genre de personnes veulent que le monde ait du ressentiment à votre égard. Ils veulent que les gens pensent et sachent qu'il vaut mieux être n'importe où dans n'importe quelles circonstances qu'être avec vous.

9. Ceux qui partent disent qu'il est préférable de gérer vous-même vos propres affaires que de faire partie d'une équipe.

Lorsque tout Israël vit que le roi ne l'écoutait pas, le peuple répondit au roi : « Quelle part avons-nous avec David ? Nous n'avons point d'héritage avec le fils de Jessé ! A tes tentes, Israël ! Maintenant, POURVOIS À TA MAISON, David ! » Et Israël s'en alla dans ses tentes.

1 Rois 12 : 16

De nombreux « partants » rebelles, séparatistes et dissidents sont d'avis qu'il est toujours préférable d'être son propre maître que de travailler pour quelqu'un d'autre. Il est vrai que c'est un privilège de travailler sans superviseur ou patron. Toutefois tout le monde n'est pas appelé à être un leader indépendant. La plupart des gens ne sont pas appelés à être des leaders indépendants. La plupart des gens sont appelés à suivre des chefs doués, indépendants qui, eux, sont appelés à jouer ce rôle spécial.

Tenter de devenir quelqu'un que vous n'êtes pas appelé à devenir est l'une des décisions les plus dangereuses et démoniaques que vous puissiez prendre. 'C'est ce genre décisions qui conduit à des nombreuses tragédies dans le ministère.

Rappelez-vous que le premier grand exemple d'un « partant » religieux fut Satan lui-même. Il a quitté son poste et est devenu l'esprit du mal que nous connaissons. Depuis lors, Satan a donné à de nombreuses personnes l'inspiration de faire exactement ce qu'il a fait et de devenir exactement ce qu'il est aujourd'hui - une branche rebelle, sans valeur et flétrie. En effet, ces éléments rebelles ne valent rien si ce n'est le feu éternel et la damnation.

Puissiez-vous ne jamais suivre cet exemple et vous damner ! Puissiez-vous ne jamais être un mauvais exemple à suivre pour les autres !

10. Les gens qui partent font allusion au fait qu'ils ont dû partir pour bien des raisons sinistres.

Les pasteurs rebelles et séparatistes laissent à chacun le soin d'imaginer ce que ces choses sombres et sinistres peuvent bien être.

Quand une femme s'éloigne du couple qu'elle forme avec un homme de Dieu bien connu, que dit-elle ?

Elle dit au reste du monde : « Il y a des choses que vous ne savez pas. Les choses ne sont pas ce qu'elles paraissent être ! Cet homme a beaucoup de secrets laids et dégoutants que je suis la seule à connaître. Après tout, j'ai été mariée avec lui pendant plusieurs années. Qui d'autre le connaîtrait mieux ? »

Même si cela n'est pas vrai, les gens y croiront ! Le départ d'un proche collaborateur déclenche toujours les ragots. Que ceux-ci soient véridiques ou non, le bouche à oreille transmettra ce message. Que ce soit la vérité ou non, les actions d'un « partant » envoient un message.

11. Les gens qui vous quittent insinuent qu'il sera plus facile de les suivre que de suivre votre ancien pasteur.

Jéroboam dit en son cœur : Le royaume pourrait bien maintenant retourner à la maison de David. Si ce peuple monte à Jérusalem pour faire des sacrifices dans la maison de l'Éternel, le cœur de ce peuple retournera à son seigneur, à Roboam, roi de Juda, et ils me tueront et retourneront à Roboam, roi de Juda. Après s'être consulté, le roi fit deux veaux d'or, et il dit au peuple : ASSEZ

LONGTEMPS VOUS ÊTES MONTÉ À JÉRUSALEM ;
Israël ! Voici ton Dieu, qui t'a fait sortir du pays d'Égypte.
Il plaça l'un de ces veaux à Béthel, et il mit l'autre à Dan.

1 Rois 12 : 26-29

Les « partants » et les partants aiment inciter les gens à penser que tout sera plus *facile* dans *leur* église. Ils décrivent leur ancienne église comme un endroit difficile à vivre.

Ils attirent les membres en donnant l'impression qu'il leur sera beaucoup plus facile et plus simple d'appartenir à leur nouvelle secte dissidente.

Bien sûr, ceci est un stratagème utilisé par les desperados qui tentent de construire quelque chose de nouveau. Ils doivent avoir l'air de réussir rapidement afin de justifier leur départ. Pour ce faire, ils offrent des « avantages » aux futurs adeptes.

Jéroboam, le rebelle anarchique type, est l'exemple parfait de ce principe. Il dit au peuple qu'il était trop dur de toujours voyager jusqu'à Jérusalem.

Il leur fit savoir qu'il avait créé un nouveau lieu de culte qui ne comportait pas tous les tracas du voyage à Jérusalem.

Beaucoup de gens simples d'esprit seront séduits par ces avantages. Mais ceux qui sont profondément impliqués et mûrs ne sont pas trompés par le chant d'un menteur et d'un voleur de brebis.

Il y a plusieurs années, j'ai rencontré un pasteur qui avait pris en charge une branche entière d'une confession. Il avait rebaptisé l'église et avait informé l'assemblée qu'ils n'appartenaient plus à l'ancienne dénomination et qu'ils formaient maintenant une église toute neuve avec un nouveau nom et un nouveau fondateur.

J'ai rendu une visite amicale à ce traître parce qu'il était une vieille connaissance et que je ne pouvais pas croire qu'il ait fait une chose pareille. Je lui ai demandé qu'est-ce qu'il essayait de réaliser.

Il m'a expliqué : « Nous avons une nouvelle église avec un nouveau nom. Nous avons une vision nouvelle et un tout nouveau style de leadership. »

Je le regardai, incrédule, alors qu'il continuait de parler.

« Dans cette église il n'y aura plus de leadership autoritaire. Chacun d'entre nous aura son mot à dire. »

Il a poursuivi: « Qui plus est, dans la vieille église seul le message du pasteur principal était important. Mais dans cette église les messages de tous les pasteurs adjoints seront importants. Nous produirons les messages de tous les pasteurs et ferons une promotion égalitaire des CD et DVD de tous les pasteurs associés. »

Il m'a expliqué : « Le pasteur principal ne monopolisera plus la chaire. Tous les pasteurs auront l'occasion de prêcher. »

Tout comme Jéroboam, ce pasteur posait les fondements de ses nouvelles politiques excitantes pour l'église. Il voulait avoir une église qui était plus intéressante pour les pasteurs associés. Il cherchait à attirer les gens grâce à ses politiques de pluralité d'idées et de leadership démocratique et partagé. Malheureusement, il ne fallut pas longtemps à ses associés pour comploter contre lui et le jeter hors de l'église.

12. Les gens qui vous quittent envoient un message qu'il ne faut pas donner leur argent à votre ministère.

SI CE PEUPLE MONTE À JÉRUSALEM POUR FAIRE DES SACRIFICES DANS LA MAISON DE L'ÉTERNEL, LE CŒUR DE CE PEUPLE RETOURNERA À SON SEIGNEUR, à Roboam, roi de Juda, et ils me tueront et retourneront à Roboam, roi de Juda. Après s'être consulté, le roi fit deux veaux d'or, et il dit au peuple: Assez longtemps vous êtes montés à Jérusalem; Israël ! Voici ton Dieu, qui t'a fait sortir du pays d'Égypte. Il plaça l'un de ces veaux à Béthel, et il mit l'autre à Dan.

1 Rois 12 : 27-29

Puisque l'argent est l'une des raisons qui incitent les gens à vous quitter, il n'est pas surprenant qu'ils cherchent à réorienter les finances de vos fidèles pour leur propre bénéfice. Jéroboam, l'archétype du « partant » a ardemment cherché à empêcher les offrandes et les sacrifices d'aller à Jérusalem. Il voulait qu'ils soient amenés là où il était, de peur que le cœur des gens ne se tourne vers leur véritable leader.

Il y a quelques années de cela, j'avais une église avec très peu de membres. Parmi les quelques membres, j'avais environ cinq ou six personnes éminentes et aisées. Un jour, un de mes pasteurs en chef décida de partir et il installa un autre lieu de culte à quelques mètres de là où nous étions. Je fus choqué par son départ. Mais cela n'était pas nouveau, parce que l'histoire de Jéroboam avait été écrite des milliers d'années avant que ce pasteur n'existe. Jéroboam instaura son nouveau ministère à Dan et Béthel. Mais cet homme instaura son ministère quelques mètres plus loin. Et ce n'est pas tout.

Je me suis rendu compte que ce « partant » avait parlé à beaucoup de mes membres éminents et aisés, les invitant à faire partie de son nouveau ministère. J'ai été abasourdi lorsque j'ai réalisé qu'il tentait de prendre avec lui mes principaux soutiens.

Mais ce n'était pas un nouveau coup. C'était un vieux coup perpétré des milliers d'années auparavant dans l'histoire des rois juifs.

Quand l'esprit de Jéroboam attaque votre ministère, il porte un coup contre vos offrandes et sacrifices. Ces personnes peuvent conduire à la perte d'églises entières et paralyser des ministères en plein essor. C'est pourquoi il ne faut pas plaisanter avec eux, ni les traiter à la légère.

Le pasteur prospère

Votre ministère peut être paralysé par les activités d'un Jéroboam en son sein. Un jour, un de mes pasteurs a établi une église dans une région reculée d'Europe. Étant un homme de race noire, il était tout excité, car il semblait que même les blancs s'intéressaient à son ministère. J'ai commencé à recevoir des rapports hebdomadaires sur les exploits passionnant ce pasteur prospère. De cinq membres, ils sont passés à dix, vingt, puis plus de cent cinquante. Ce frère était un pasteur heureux et prospère !

Un jour, je lui ai demandé : « Qui sont tous les blancs dans votre église. D'où viennent-ils ? »

Il m'a dit : « Curieusement, ils sont tous du même pays d'Europe de l'Est. »

« Hou la ! » dis-je « c'est passionnant. »

Mais alors que nous étions en train de fêter la forte croissance de cette église, l'esprit de Jéroboam gagnait du terrain dans l'église.

Le chef de la chorale avait une forte personnalité charismatique tout comme Jéroboam et il commença à entraîner le cœur des gens loin de leur pasteur.

Un jour, le pasteur prospère téléphona et nous dit qu'une grande tragédie s'était passée. Le chef de la chorale charismatique, avec l'esprit de Jéroboam, avait détourné toute la congrégation et a commencé une nouvelle église alternative.

En un seul jour, le pasteur prospère a perdu presque tous les membres de sa congrégation. En un seul jour, cette grande église en pleine croissance, de plus de cent cinquante membres, a été réduite à moins de cinq membres en un jour. Il a tout perdu à cause du puissant mouvement d'un homme oint de l'esprit de Jéroboam. C'est pourquoi vous ne devez pas prendre à la légère les gens à l'esprit indépendant. L'esprit indépendant et séparatiste est un cancer dangereux et meurtrier pour le corps.

Chers amis, je vous conjure de considérer ce sujet de la loyauté et la déloyauté de façon sérieuse. Tout votre ministère peut être anéanti si vous ne vous occupez pas sérieusement du problème des gens déloyaux.

13. Ceux qui vous quittent nomment des personnes peu qualifiées à des positions d'autorité.

Après s'être consulté, le roi fit deux veaux d'or, et il dit au peuple: Assez longtemps vous êtes montés à Jérusalem ; Israël ! Voici ton Dieu, qui t'a fait sortir du pays d'Égypte. Il plaça l'un de ces veaux à Béthel, et il mit l'autre à Dan. Ce fut là une occasion de péché. Le peuple alla devant l'un des veaux jusqu'à Dan. Jéroboam fit une maison de hauts lieux, et il créa DES SACRIFICATEURS PRIS PARMI TOUT LE PEUPLE et n'appartenant point aux fils de Lévi.

1 Rois 12 : 28-31

Ceci est une autre caractéristique de chefs rebelles désespérés qui partent et volent des pans entiers de la congrégation. Ils sont des nuages sans eau, deux fois morts et l'écume à la bouche parce qu'ils ont détruit les troupeaux du Seigneur.

Onze nouveaux pasteurs

Un jour, j'ai eu un pasteur qui a rompu avec notre église. Il m'a écrit une courte lettre expliquant comment il avait décidé de quitter notre ministère. Ce pasteur avait eu le temps d'influencer les gens et était donc en mesure de tromper et d'emmener environ quatre-vingts pour cent de la congrégation. Il avait maintenant une cinquantaine de membres pour commencer son nouveau ministère.

La partie étonnante de cette histoire est advenue quelques mois plus tard, quand j'ai entendu une rumeur selon laquelle ce pasteur avait nommé onze nouveaux pasteurs comme associés. Je me demandais : « Comment se fait il qu'il ait soudainement nommé onze nouveaux pasteurs ? D'où sont ces gens ? Quelle formation ont-ils ? Quel genre de vocation ont-ils ? »

Mais c'est l'une des actions typiques des ministres rebelles. Souvent, ils font exactement ce que Jéroboam a fait en ordonnant et nommant des hommes de la plus basse sorte à occuper des postes élevés au sein du ministère. Bien sûr, cela réduit à néant l'autorité spirituelle et sème la confusion dans le troupeau.

Mais vous pouvez demander : « Pourquoi nomment-ils ces personnes à des position d'autorité ? » Est-ce que ce qu'ils ont appris dans le lieu qu'ils viennent de quitter ? Souvent, la réponse est non !

Peut-être, font-ils cela pour apaiser les « leaders d'opinion » qui ont soutenu leur soulèvement et pour leur donner une « récompense pour avoir participé » au complot. Mais leur fin sera aussi désastreuse que celle de leur chef. Ils se sont unis à un rebelle.

Continuez à observer ces rebelles ! Leur fin sera identique !

14. Les gens qui vous quittent délivrent le message qu'il n'y a pas besoin d'en faire trop pour exprimer votre loyauté.

Après s'être consulté, le ROI FIT DEUX VEAUX D'OR, et il dit au peuple : ASSEZ LONGTEMPS VOUS ÊTES MONTÉS À JÉRUSALEM; Israël ! Voici ton Dieu, qui t'a fait sortir du pays d'Égypte. Il plaça l'un de ces veaux à Béthel, et il mit l'autre à Dan.

1 Rois 12 : 28

Une des choses que ces « partants » aiment faire est d'empêcher les fidèles de faire leur pèlerinage. Pourquoi se soucier de faire tout ce chemin ? Il n'est pas nécessaire de montrer de sa loyauté de manière aussi extrême. Un jour, alors que j'étais à Tulsa, j'ai entendu Kenneth Hagin annoncer des retrouvailles pour les diplômés de Rhema. L'Esprit Saint m'a inspiré et dit que c'était une bonne idée d'avoir des retrouvailles pour nos pasteurs et églises. Il s'agit d'un concept qui est pratiqué par presque toutes les religions, groupes ou mouvements. Les musulmans ont leur pèlerinage Hajj à La Mecque et la plupart des confessions ont un grand rassemblement annuel de leurs congrégations et des ministres dans un lieu particulier.

Ce sont des événements pendant lesquels les loyalistes qui sont disséminés partout dans le monde se rassemblent et montrent leur amour et leur fidélité à la maison qui leur a donné naissance à tous.

Dans la religion juive, le peuple de Dieu se rassemble trois fois par an à Jérusalem pour les fêtes d'Israël. Ils adorent le Seigneur et présentent leurs offrandes de louange et d'adoration. Remarquez comment David décrit l'importance d'un endroit où assister à un programme de réunion.

Nos pieds s'arrêtent Dans tes portes, Jérusalem ! Jérusalem, tu es bâtie Comme une ville dont les parties sont liées ensemble. C'est là que montent les tribus, les tribus de l'Éternel, Selon la loi d'Israël, Pour louer le nom de l'Éternel.

Psaume 122 : 2-4

Même aujourd'hui, les Juifs se quittent avec l'adage : « à l'an prochain à Jérusalem. »

C'était ce rassemblement loyal que Jéroboam cherchait à perturber ! Il ne voulait plus que les gens voyagent à Jérusalem.

Il a créé « de nouvelles églises » à Dan et Béthel, et envoyé le message qu'il n'était plus nécessaire de faire le voyage jusqu'à Jérusalem. Aller à Jérusalem était devenu une chose stupide, inutile, coûteuse et vieux-jeu.

Lorsque j'ai présenté l'idée des retrouvailles, j'ai rapidement remarqué les différentes réponses qui révélaient les différents niveaux de loyauté. En particulier, je me souviens d'un pasteur qui se rendait chaque année à la réunion d'une *autre* dénomination. Ils ne l'appelaient peut-être pas « les retrouvailles » mais c'en était bien une. Au lieu de venir à notre réunion, il assistait à la réunion d'une autre dénomination chaque année. Évidemment, sa loyauté avait quelque chose de douteux.

Ce n'était qu'une question de temps avant que cette personne n'exprime pleinement sa déloyauté en se détachant complètement.

Chapitre 4

Les accusations de
ceux qui vous quittent

1. **ZACHÉE ACCUSE LES GENS AFIN DE LEUR ENLEVER LEURS POSSESSIONS.**

Lorsque Jésus fut arrivé à cet endroit, il leva les yeux et lui dit : Zachée, hâte-toi de descendre ; car il faut que je demeure aujourd'hui dans ta maison. Zachée se hâta de descendre, et le reçut avec joie. Voyant cela, tous murmuraient, et disaient : Il est allé loger chez un homme pécheur. Mais Zachée, se tenant devant le Seigneur, lui dit : Voici, Seigneur, je donne aux pauvres la moitié de mes biens, et, SI J'AI FAIT TORT DE QUELQUE CHOSE À QUELQU'UN, je lui rends le quadruple. Jésus lui dit : Le salut est entré aujourd'hui dans cette maison, parce que celui-ci est aussi un fils d'Abraham

Luc 19 : 5-9

2. **LES MINISTRES DE L'ÉVANGILE SONT ACCUSÉS POUR S'EMPARER DES MEMBRES DE LEUR CONGRÉGATION.**

Lorsque Zachée s'est repenti il s'est rendu et a laissé savoir au monde entier quelles avaient été ses intentions. Les aveux de Zachée révèlent le but et le puissant effet des accusations.

Zachée a révélé qu'il avait accusé les gens, raconté des mensonges à leur sujet pour leur prendre des choses. Remarquez ses paroles: « *Si j'ai fait tort de quelque chose à quelqu'un... »*. Il a pris les choses aux gens en les accusant faussement. Peut-être qu'il a accusé l'un d'eux d'évasion fiscale et sur cette base a saisi les biens de la personne. Il accuse un autre d'obtenir son contrat d'une mauvaise façon et à de ce fait lui retire son contrat.

Systématiquement, par le biais de fausses accusations et d'intimidation, il s'empara de la richesse et des biens de plusieurs personnes. C'est pourquoi on accuse les ministres de l'Évangile de différentes choses - dans le but de s'emparer des membres de leur congrégation.

Les ministres sont accusés d'immoralité, car c'est une bonne raison pour les gens de quitter le troupeau et de déserter.

Les ministres sont accusés d'immoralité pour que les gens ne restent pas avec eux plus longtemps. Pourquoi voudriez-vous rester avec une personne immorale ?

Les ministres sont accusés d'avoir détourné de l'argent de sorte que les gens perdent confiance en eux et les quittent. Pourquoi voudriez-vous avoir un voleur comme pasteur ?

Les ministres sont accusés d'homosexualité. Pourquoi devriez-vous suivre un pasteur qui est un homosexuel ?

Les ministres sont accusés d'être racistes pour que les gens d'autres races se détournent d'eux.

Les ministres sont accusés d'être des mauvais dirigeants. Pourquoi devriez-vous suivre un mauvais chef ?

3. ON A ACCUSÉ MOÏSE POUR PRENDRE LES ADEPTES QU'IL AVAIT EN ISRAËL.

N'est-ce pas assez que tu nous aies fait sortir d'un pays où coulent le lait et le miel pour nous faire mourir au désert, sans que tu continues à dominer sur nous ? Et ce n'est pas dans un pays où coulent le lait et le miel que tu nous as menés, ce ne sont pas des champs et des vignes que tu nous as donnés en possession. Penses-tu crever les yeux de ces gens ? Nous ne monterons pas.

Nombres 16 : 13-14

Les gens qui vous quittent doivent avoir une bonne raison de faire ce qu'ils font. Souvent, ils n'ont pas de raisons substantielles pour leurs actions. C'est pour cette raison qu'ils sont obligés de recourir à des accusations. Ils vous accusent afin que les autres cessent de suivre votre voie.

L'expérience de Moïse avec Koré et sa compagnie nous assure qu'il n'y a rien de nouveau sous le soleil. Si l'on a pu dire ces mots à Moïse alors ne soyez pas surpris de ce qu'on peut vous dire. Moïse a été accusé de choses terribles par Koré et sa famille. Ces accusations, si elles s'étaient avérées être vraies, auraient été plus que suffisantes pour que tout le monde quitte Moïse. Les déclarations suivantes, sont couramment utilisées par les rebelles qui cherchent des excuses pour expliquer leurs actions. Étonnamment, Moïse a connu chacune de ces accusations. Ne soyez pas surpris si vous en faite vous-mêmes l'expérience. Cela montre simplement que vous marchez sur les traces des grands hommes.

i. **Vous vous exaltez au-dessus des autres. Moïse fut également accusé d'orgueil et d'exaltation de soi.**

Ils s'assemblèrent contre Moïse et Aaron, et leur dirent : C'en est assez ! car toute l'assemblée, tous sont saints, et l'Éternel est au milieu d'eux. POURQUOI VOUS ÉLEVEZ-VOUS AU-DESSUS DE L'ASSEMBLÉE DE L'ÉTERNEL ?

Nombres 16 : 3

ii. **Vous n'êtes pas spécial. Vous n'êtes pas le seul qui soit appelé par Dieu. Beaucoup de gens sont appelés par Dieu. Moïse fut accusé de penser qu'il était le seul homme vertueux.**

Par cette déclaration, Moïse a été accusé du péché d'autoglorification. Il fut décrit comme un égoïste égocentrique par Koré et ses associés.

Ils s'assemblèrent contre Moïse et Aaron, et leur dirent : C'en est assez ! CAR TOUTE L'ASSEMBLÉE, TOUS SONT SAINTS ET L'ÉTERNEL EST PARMI EUX. Pourquoi vous élevez-vous au-dessus de l'assemblée de l'Éternel ?

Nombres 16 : 3

iii. **Pourquoi pensez-vous que vous êtes différent ? Nous ne viendrons pas à votre réunion. Moïse fut méprisé publiquement par Dathan et Abiram.**

MOÏSE ENVOYA APPELER DATHAN ET ABIRAM, fils d'Éliab. MAIS ILS DIRENT : NOUS NE MONTERONS PAS.

Nombres 16 : 12

iv. **Vous n'êtes pas un bon leader et vous ne nous avez pas conduit au bon endroit. Moïse fut accusé de ne pas remplir ses promesses.**

ET CE N'EST PAS DANS UNE PAYS OÙ COULENT LE LAIT ET LE MIEL QUE TU NOUS AS MENÉS, CE NE SONT PAS DES CHAMPS ET DES VIGNES QUE TU NOUS AS DONNÉS EN POSSESSION. Penses-tu crever les yeux de ces gens ? Nous ne monterons pas.

Nombres 16 : 14

v. **Si nous vous suivons, vous nous détruirez. Moïse fut accusé d'avoir tenté de tuer le peuple.**

N'est-ce pas assez que tu nous aies fait sortir d'un pays où coulent le lait et le miel POUR NOUS FAIRE MOURIR AU DESERT, sans que tu continues à dominer sur nous ?

Nombres 16 : 13

vi. **Nous aurions été mieux si nous étions restés à notre ancienne place. Moïse fut accusé d'avoir dirigé le peuple vers une situation pire.**

N'est-ce pas assez que TU NOUS AIES FAIT SORTIR D'UN PAYS OÙ COULENT LE LAIT ET LE MIEL pour nous faire mourir au désert, sans que tu continues à dominer sur nous ? Et ce n'est PAS DANS UN PAYS OÙ COULENT LE LAIT ET LE MIEL QUE TU NOUS AS MENÉS, CE NE SONT PAS DES CHAMPS ET DES VIGNES QUE TU NOUS AS DONNÉS EN

POSSESSION. Penses-tu crever les yeux de ces gens ?
Nous ne monterons pas.

Nombres 16 : 13-14

vii. **Vous voulez être un « grand homme » et régner sur nous. Moïse fut accusé d'avoir tenté de dominer sur Israël.**

N'est-ce pas assez que tu nous aies fait sortir d'un pays où coulent le lait et le miel pour nous faire mourir au désert, SANS QUE TU CONTINUES À DOMINER SUR NOUS ?

Nombres 16 : 13

viii. **Vous voulez que nous vous suivions aveuglément. Moïse fut accusé d'avoir tenté d'aveugler le peuple.**

Et ce n'est pas dans un pays où coulent le lait et le miel que tu nous as menés, ce ne sont pas des champs et des vignes que tu nous as donnés en possession. PENSES-TU CREVER LES YEUX DES GENS ? Nous ne monterons pas.

Nombres 16 : 14

ix. **Vous vous enrichissez grâce à nous. Moïse fut également accusé de chercher à s'enrichir.**

Moïse fut très irrité, et il dit à l'Éternel: N'aie point égard à leur offrande. JE NE LEUR AI MÊME PAS PRIS UN ÂNE, et je n'ai fait de mal à aucun d'eux.

Nombres 16 :15

4. **ON ACCUSA JÉSUS CHRIST POUR LUI ÔTER LA VIE.**

Quand Satan veut prendre votre vie et votre ministère, il envoie les gens pour vous accuser de crimes graves, dans l'espoir de convaincre ces gens d'en finir avec vous. Lorsque les principaux prêtres et anciens voulurent tuer Jésus-Christ, ils ont commencé par l'accuser de choses absurdes qu'Il n'avait jamais faites.

Ils se levèrent tous, et ils conduisirent Jésus devant Pilate.

Ils se mirent à L'ACCUSER, disant : Nous avons trouvé cet homme excitant notre nation à la révolte, empêchant de payer le tribut à César, et se disant lui-même Christ, roi.

Pilate l'interrogea, en ces termes : Es-tu le roi des Juifs ? Jésus lui répondit : Tu le dis. Pilate dit aux principaux sacrificateurs et à la foule : Je ne trouve rien de coupable en cet homme. Mais ils insistèrent, et dirent : IL SOULÈVE LE PEUPLE, en enseignant par toute la Judée, depuis la Galilée, où il a commencé, jusqu'ici.

IL LUI ADRESSA BEAUCOUP DE QUESTIONS ; mais Jésus ne lui répondit rien. Les principaux sacrificateurs et les scribes étaient là, et L'ACCUSAIENT AVEC VIOLENCE. Hérode, avec ses gardes, le traita avec mépris ; et, après s'être moqué de lui et l'avoir revêtu d'un habit éclatant, il le renvoya à Pilate. Ce jour même, Pilate et Hérode devinrent amis, d'ennemis qu'ils étaient auparavant.

Luc 23 : 1-5, 9-12

Ils avaient un seul objectif : lui ôter Sa vie et Son ministère sur la terre. L'arme principale de Satan était l'arme de l'accusation. De nombreuses accusations ont été portées contre Jésus, car il fallait donner à Pilate une raison suffisante pour mettre fin à Sa vie et à Son ministère sur la terre. Mais d'une certaine façon, toutes ces accusations n'avaient aucun sens pour Pilate.

5.   ILS M'ONT LAISSÉ ET ILS M'ONT ACCUSÉ.

Au fil des ans, j'ai souffert de nombreux types d'accusations. Ces différentes accusations étaient destinées à entraîner les membres et fidèles de mon église. Très peu de pasteurs qui m'ont quitté l'ont fait tranquillement. Beaucoup d'entre eux sont partis proférant différentes menaces et accusations. Je veux partager avec vous certaines de ces accusations parce que vous aurez votre propre lot d'accusations dans le ministère. Chaque ministre est accusé de beaucoup de choses et vous devez vous habituer à ce genre de choses.

i. **Ceux qui m'ont quitté m'ont accusé de forcer les gens à écouter ma prédication, au lieu de les laisser prier l'Esprit Saint pour obtenir des conseils sur ce qu'il faut prêcher.**

Un pasteur rebelle a quitté mon église affirmant que les ministres dans notre église ne pouvaient pas suivre le Saint-Esprit. Ils ont prétendu qu'ils devaient m'écouter au lieu d'écouter Dieu.

Bien entendu, qui voudrait être dans une église où le pasteur n'entend pas Dieu ? Qui voudrait être dans une église où le Saint-Esprit ne peut pas librement guider et diriger les affaires ?

Je crois que mes pasteurs devraient écouter le message que j'ai prêché

J'enseigne à mes disciples d'écouter les messages que j'ai prêchés pour plusieurs raisons. Bon nombre de ces raisons sont solidement fondées sur les Écritures et aussi sur le bon sens. Les hommes rebelles qui veulent partir devraient simplement partir sans prendre la peine d'attaquer les choses qu'ils ne comprennent pas.

Veuillez prendre note de certaines raisons bibliques pour lesquelles je demande à mes pasteurs d'écouter et d'apprendre mes messages et de prêcher le contenu de mes livres. Je recommanderais ce produit à toute personne qui veut bien faire dans le ministère. Chercher à ridiculiser ce bel exercice spirituel qu'est l'écoute des messages du chef est une accusation habile.

Pourquoi faut-il écouter les messages de votre chef

1. J'encourage les pasteurs à écouter mes messages afin d'apprendre à prêcher : « en sorte que vous ne vous

relâchiez point, et que vous imitiez ceux qui, par la foi et la persévérance, héritent des promesses ». (Hébreux 6 : 12).

2. Écoutez les messages comme des ressources que vous pouvez utiliser pour vous donner des outils pour prêcher. Les pasteurs doivent prêcher de nombreux messages tout le temps et c'est toujours une bénédiction d'avoir une ressource. Les messages et prêches d'autres ministres ont été ma plus grande bénédiction et une source d'inspiration.

3. Écoutez les messages parce que Paul a demandé à Timothy d'écouter ses messages et de les répéter. Lisez-le pour vous-même : « Toi donc, mon enfant, fortifie-toi dans la grâce qui est en Jésus Christ. Et ce que tu as entendu de moi en présence de beaucoup de témoins, confie-le à des hommes fidèles, qui soient capables de l'enseigner aussi à d'autres. » (2 Timothée 2 : 1-2).

4. J'encourage les pasteurs à écouter mes messages afin de capturer l'onction. Remarquez comment le Saint-Esprit descendit sur les personnes qui ont écouté la prédication de Pierre. (Actes 10 : 44).

5. J'encourage les pasteurs à écouter mes messages car il y a différentes vocations. L'apôtre recevra directement de Dieu, mais les pasteurs par l'apôtre peuvent recevoir beaucoup de sagesse à travers l'apôtre. Lisez-le vous-même. C'est partout dans la Bible. Paul lui-même se décrit comme un apôtre qui avait vu Jésus-Christ. Ces références sont importantes. « Ne suis-je pas libre ? Ne suis-je pas apôtre ? N'ai-je pas vu Jésus-Christ notre Seigneur ? N'êtes-vous pas mon œuvre dans le Seigneur ? » (1 Corinthiens 9 : 1). Il a beau-coup donné d'instructions à Timothée et Tite. Il leur a même demandé de lire ses lettres et livres à la congrégation. Même si Tite et Timothée avaient en eux l'Esprit-Saint Paul leur a dit beaucoup de choses à dire et à faire.

À TIMOTHÉE, mon enfant bien-aimé : que la grâce, la miséricorde et la paix te soient données de la part de Dieu le Père et de Jésus Christ notre Seigneur ! [...] Retiens dans la foi et dans la charité qui est en Jésus Christ le modèle des saines paroles que tu as reçues de moi.

2 Timothée 1 : 2,13-14

À TITE, mon enfant légitime en notre commune foi : que la grâce et la paix te soient données de la part de Dieu le Père et de Jésus Christ notre Sauveur ! Je t'ai laissé en Crète, afin que tu mettes en ordre ce qui reste à régler, et que, selon mes instructions, tu établisses des anciens dans chaque ville.

Tite 1 : 4-5

Pour toi, dis les choses qui sont conformes à la saine doctrine. Dis que les vieillards doivent être sobres, honnêtes, modérés, sains dans la foi, dans la charité, dans la patience. Dis que les femmes âgées doivent aussi avoir l'extérieur qui convient à la sainteté, n'être ni médisantes, ni adonnées au vin ; qu'elles doivent donner de bonnes instructions, dans le but d'apprendre aux jeunes femmes à aimer leurs maris et leurs enfants, à être retenues, chastes, occupées aux soins domestiques, bonnes, soumises à leurs maris, afin que la parole de Dieu ne soit pas blasphémée.

Exhorte de même les jeunes gens à être modérés, te montrant toi-même à tous égards un modèle de bonnes œuvres, et donnant un enseignement pur, digne, une parole saine, irréprochable, afin que l'adversaire soit confus, n'ayant aucun mal à dire de nous.

Exhorte les serviteurs à être soumis à leurs maîtres, à leur plaire en toutes choses, à n'être point contredisant, à ne rien dérober, mais à montrer toujours une parfaite fidélité, afin de faire honorer en tout la doctrine de Dieu notre Sauveur.

Tite 2 : 1-10

ii. Ceux qui ont quitté m'ont accusé de forcer les gens à prêcher la parole de mes livres au lieu de leur permettre de prier l'Esprit Saint pour être guidés.

Ces hommes rebelles critiquent le fait que mes pasteurs doivent prêcher avec les livres que j'ai écrits.

Pourquoi m'accusent-ils de cette façon ? Pourquoi les gens essaient-ils de se moquer de moi? Ils m'accusent parce qu'ils veulent que les gens me quittent. Ils veulent que ma congrégation m'abandonne. Ils veulent que les gens arrêtent de venir à mon église. Comme Zachée ils veulent me priver de mes membres fidèles !

Mais Paul a demandé que ses lettres soient lues. Les lettres de Paul étaient des livres de Paul. Ne les avons-nous appelées le livre des Corinthiens ou le livre des Éphésiens ? Ne les appelons-nous pas des livres de la Bible ?

Pourquoi les hommes inspirés par les mauvais esprits critiquent les pratiques saintes comme l'écoute des messages ? La réponse est simple. Comme Zachée qui a emporté les biens précieux de beaucoup de gens, ils veulent nous enlever notre peuple ! Ils veulent nous enlever ceux qui nous suivent ! Ils veulent nous priver de nos membres fidèles ! Lisez les Écritures ci-dessous et voyez comment Paul a demandé que ses livres soient lus dans les églises.

JE VOUS EN CONJURE par le Seigneur, QUE CETTE EPÎTRE SOIT LUE À TOUS LES FRÈRES.
1 Thessaloniciens 5 : 27

Saluez les frères qui sont à Laodicée, et Nymphas, et l'Église qui est dans sa maison. LORSQUE CETTE LETTRE AURA ÉTÉ LUE CHEZ VOUS, FAITES EN SORTE QU'ELLE SOIT AUSSI LUE DANS L'ÉGLISE DES LAODICÉENS, et que vous lisiez à votre tour celle qui vous arrivera de Laodicée.
Colossiens 4 : 15-16

iii. Ceux qui m'ont quitté m'ont accusé de produire des clones au lieu de véritables ministres.

Certaines personnes ont essayé de ré-décrire le beau principe d'être disciple. Ils insultent mes pasteurs les décrivent comme des « clones ». En cela, ils disent que mes pasteurs sont des robots stupides qui ne peuvent pas penser par eux-mêmes, mais qui se contentent de copier ce qu'ils ne comprennent pas.

Pourquoi les gens parlent-ils comme ça ? Pourquoi les hommes méchants s'efforcent-ils de dépeindre les bonnes choses comme étant mauvaises ? Ces méchants ont l'esprit voleur de Zachée le non converti. Certaines personnes parlent contre le fait de copier et de suivre des mentors, en disant que nous devons suivre l'exemple de David qui était un original et a refusé d'utiliser l'armure de Saül.

Mais ces paroles habiles vont à l'encontre des paroles de Jésus. Jésus a dit qu'il était bon que les disciples soient semblables à leurs maîtres. « Il suffit au disciple d'être traité comme son maître, et au serviteur comme son seigneur ? » (Matthieu 10 : 25).

En effet, le but du disciple est d'être comme son maître.

Même l'histoire de l'humanité a montré que *l'émulation* est la clé de la propagation de la prospérité. Et pourtant ces « nuages vide rempli de haine » disent du mal de ce qu'ils ne comprennent pas.

iv. Ceux qui m'ont quitté m'ont accusé de vouloir moissonner là où je n'avais pas semé.

« Celui qui n'avait reçu qu'un talent s'approcha ensuite, et il dit: Seigneur, je savais que tu es un homme dur, QUI MOISSONNE OÙ TU N'AS PAS SEMÉ, et qui amasses où tu n'as pas vanné ; » (Matthieu 25 : 24-25).

Et pourtant, j'ai semé beaucoup de prières et de jeûnes dans les églises. J'ai consacré ma vie à prêcher la parole de Dieu par cassettes, CD, DVD, conventions, camps et services. J'ai fait des choses qui ont bénéficié de nombreuses églises naissantes. Comment pouvez-vous dire que je veux moissonner là où je n'ai pas semé ?

J'ai semé de nombreux voyages, j'ai semé des missionnaires et des pasteurs dans différents pays.

J'ai semé en souffrant de fausses accusations, j'ai semé en étant rejeté, j'ai semé en étant dans la faim et en supportant des rapports négatifs.

J'ai semé en souffrant de différentes crises et jours sombres dans mon ministère. J'ai semé des graines en souffrant dans la détresse et le découragement.

J'ai semé en sacrifiant l'éducation de mes enfants ;

J'ai semé en étant dans des situations dangereuses comme des accidents, en étant attaqué par des voleurs à main armée, en étant bafoué et tourné en dérision.

v. Ceux qui m'ont quitté m'ont accusé d'être un homme exigeant.

Chaque langue a une phrase décrivant les bons leaders exactement de la même manière. Dans la langue Ga du Ghana, une telle personne est décrit comme *« e sane wa waa dientse »*. Dans le langage Fante du Ghana, il est décrit comme *« n'asem ye dzen »*. Dans la langue Yoruba du Nigéria une telle personne est décrite ainsi: *« O ti le ju »*.

Quand j'ai vérifié ce que cela signifiait en anglais, j'ai réalisé que la plupart des bons dirigeants étaient accusés d'être des chefs de file exigeants. Jésus Lui-même s'est donné comme exemple du maître qui part vers un long voyage en laissant quelques talents à ses serviteurs. En fin de compte, le capitaine a été accusé d'être exigeant! Mais les bons leaders sont souvent accusés d'être exigeants! J'ai été étonné quand j'ai découvert ce qu'être exigeant signifie vraiment.

Si vous décrivez une personne comme exigeante vous dites par exemple qu'elle met à rude épreuve, est difficile, pénible, dure, autoritaire, arbitraire, impitoyable, rude, sévère, cruelle, brutale, stricte, implacable, rigide, ferme, rigoureuse, inflexible, intransigeante, déraisonnable, impitoyable, impavide, sans merci, difficile, fastidieuse et difficile à contenter.

Mais pourquoi les gens accusent les bons leaders d'être difficiles à contenter ? Ils essaient de vous éloigner de l'endroit auquel vous appartenez. Ils essaient de voler vos membres fidèles et c'est pourquoi vous êtes accusé de tant de choses qui semblent si désagréables.

Si quelqu'un vous décrit comme étant exigeant n'oubliez pas que tous les bons dirigeants, y compris notre Seigneur Jésus furent accusés d'être exigeants. « Et un autre vint, et dit: Seigneur, voici ta mine, que j'ai gardée dans un linge; car j'avais peur de toi, parce que tu es un homme SÉVÈRE ; tu prends ce que tu n'as pas déposé, et tu moissonnes ce que tu n'as pas semé.» (Luc 19 : 20,21).

vi. Ceux qui sont partis m'ont accusé de vouloir bâtir un empire.

Mais pourquoi penserait-on m'accuser de cela ? Parce qu'ils veulent me présenter comme un égocentrique qui tente de construire d'un empire et qui ne se soucie pas du corps du Christ. Qui voudrait suivre quelqu'un comme ça ? Je ne le voudrais pas. Mais cette accusation est fantasque parce que je passe tant de temps à prêcher dans les églises qui ne sont pas de l'église Le Phare.

J'espère que vous comprenez pourquoi Zachée accuse les personnes à tort, il le fait afin de s'emparer de leurs trésors et c'est la raison pour laquelle les pasteurs rebelles accusent les églises qu'ils quittent : pour prendre leurs précieux membres.

vii. Ceux qui sont partis m'ont accusé de créer une secte parce que notre église insiste sur la loyauté.

Comment puis-je ne pas mettre l'accent sur la loyauté et la fidélité quand il s'agit d'un sujet qui est mentionné plus d'une centaine de fois dans la Bible. Le jugement final sera basé sur deux choses: la bonté et la fidélité.

Pourquoi les gens me reprochent quelque chose comme ça ? Ils m'accusent parce qu'ils veulent me voler les membres de mon église. Ils veulent faire peur aux gens pour qu'ils s'éloignent de moi ! Il s'agit d'une accusation intelligente parce qu'appartenir à une secte est une chose terrible. Lorsque vous appartenez à une secte vous ne pouvez pas partir facilement. Les gens dont le cœur et la bouche sont remplis d'accusation devront se mettre à genoux et confesser leurs péchés quand ils rencontreront Jésus. Demandez à Zachée ce qui lui est arrivé et comment il a dû rendre quatre fois ce qu'il avait volé.

Chapitre 5

Comment ceux qui vous quittent donnent un mauvais exemple

Car je vous ai donné un exemple, afin QUE VOUS FASSIEZ COMME JE VOUS AI FAIT.

Jean 13 : 15

« Suivez mon exemple » est le message que nous donnons tous par nos actions. Jésus Christ a montré l'exemple en nous encourageant à le suivre. Lorsqu'un exemple est fixé, il incite ceux qui le voient à le copier. Cet effet peut être lent mais il se produira au fil du temps.

Les rebelles et les « partants » ne font pas exception à cette loi de la valeur de l'exemple. Chaque fois qu'un dirigeant ou une personne de premier plan quitte une église il délivre un message implicite à tout le monde. Il dit par ses actes : *« Suivez-moi, c'est la bonne chose à faire. »*

C'est pourquoi vous devez détecter et résister aux gens déloyaux. Vous devez les combattre car ils veulent détruire votre église sans mot dire. Par leurs seules actions, ils crient au monde entier et influencent de nombreuses personnes.

Par leurs actions, ils disent aux gens : « Brisons cette église. Séparons-les. Que tout le monde sache qu'ils peuvent réussir sans appartenir à ce groupe. » Chaque rebelle a cet effet et chaque bon pasteur doit apprendre à réduire l'influence que les « partants » ont. C'est une des raisons pour laquelle nous devons marquer et éviter les gens déloyaux (Romains 16 : 17). Nous devons mentionner leurs noms et avertir nos brebis au sujet de leur mauvaise influence.

Le mauvais esprit domino

Quand quelqu'un déclenche un effet domino, ce qu'il fait est répété maintes et maintes fois par d'autres.

« Effet domino » : le terme est souvent utilisé pour décrire une rangée de dominos qui tombent. La démonstration classique de l'effet domino implique la mise en place d'une chaîne de dominos et que l'on renverse le premier domino. Ce domino renverse celui à côté de lui, et ainsi de suite. En fin de compte, la longue chaîne de dominos va tomber. Cet effet domino se produit parce que l'énergie nécessaire pour renverser le domino suivant est très petite donc l'énergie de la chaîne de dominos qui se renverse est auto-suffisante.

Bien que le terme effet domino soit observé littéralement quand il y a une série de dominos tangibles, ce terme est aussi utilisé pour décrire une séquence de changements qui se produisent dans notre monde. L'effet domino est observé dans les guerres, les gouvernements, la politique et même dans l'église.

Ce lien entre les événements qui conduit aux guerres, aux changements de gouvernement, aux changements dans la politique et aux changements dans le monde de l'église est en effet réel, l'effet domino ou son esprit se fait donc sentir dans le monde de l'église.

Quand quelqu'un libère un esprit domino, ce qu'il fait est répété maintes et maintes fois par d'autres.

1. Jéroboam déclenche un esprit domino

Jéroboam donna l'exemple avec son acte de rébellion contre l'héritier légitime du trône de Salomon. Plusieurs autres rois éventuellement imitèrent cette action. Ces rois apprirent, de Jéroboam, l'art de la révolte. Ils ont suivi son exemple et ont fait des choses encore pire que Jéroboam. Jéroboam a ouvert la porte à un esprit domino de rébellion contre l'autorité.

Lorsque tout Israël vit que le roi ne l'écoutait pas, le peuple répondit au roi: Quelle part avons-nous avec David ? Nous n'avons point d'héritage avec le fils d'Isaï ! À tes tentes, Israël ! Maintenant, pourvois à ta maison, David ! Et Israël s'en alla dans ses tentes. Les enfants d'Israël qui habitaient les villes de Juda furent les seuls sur qui régna Roboam.

Alors le roi Roboam envoya Adoram, qui était préposé aux impôts. Mais Adoram fut lapidé par tout Israël, et il mourut. Et le roi Roboam se hâta de monter sur un char, pour s'enfuir à Jérusalem. C'est ainsi qu'Israël s'est détaché de la maison de David jusqu'à ce jour.

Tout Israël ayant appris que Jéroboam était de retour, ils l'envoyèrent appeler dans l'assemblée, et ils le firent roi sur tout Israël. La tribu de Juda fut la seule qui suivit la maison de David.

1 Rois 12 : 16-20

2. Baescha suit l'exemple de Jéroboam

Le roi Baescha fut le premier à suivre l'exemple de Jéroboam. Il se leva contre le fils de Jéroboam et le tua ainsi que la famille de Jéroboam. Où pensez-vous que le roi Baescha puisa son inspiration ? D'où est venue l'idée de se révolter contre un roi légitime ?

Baescha, fils d'Achija, de la maison d'Issacar, conspira contre lui, et Baescha le tua à Guibbethon, qui appartenait aux Philistins, pendant que Nadab et tout Israël assiégeaient Guibbethon. Baescha le fit périr la troisième année d'Asa, roi de Juda, et il régna à sa place. Lorsqu'il fut roi, il frappa toute la maison de Jéroboam, il n'en laissa échapper personne et il détruisit tout ce qui respirait, selon la parole que l'Éternel avait dite par son serviteur Achija de Silo,

1 Rois 15 : 27-29

3. Zimri continue la rébellion

Le roi Zimri fut le deuxième roi à suivre l'exemple de Jéroboam. Il s'est aussi rebellé contre le roi de l'époque en assassinant toute sa famille. D'où pensez-vous que les gens tirent ces idées ? De toute évidence, il l'avait appris de quelque part ! Jéroboam était un excellent exemple.

Son SERVITEUR ZIMRI, chef de la moitié des chars, CONSPIRA CONTRE LUI. Éla était à Thirtsa, buvant et s'enivrant dans la maison d'Artsa, chef de la maison du roi à Thirtsa. Zimri ENTRA LE FRAPPA ET LE TUA, la vingt-septième année d'Asa, roi de Juda, et il régna à sa place. Lorsqu'il fut roi et qu'il fut assis sur son trône, il frappa toute la maison de Baescha, il ne laissa échapper personne qui lui appartînt, ni parent ni ami.

1 Rois 16 : 9-11

La puissance d'une action quelconque à montrer l'exemple est perçu à travers l'histoire. Un événement dans un pays conduit à des événements similaires dans d'autres pays.

Quand un événement provoque un événement similaire qui, à son tour conduit à un autre événement, vous avez un effet domino total. Un mauvais esprit domino est libéré dans votre ministère lorsque le départ d'un pasteur cause le départ d'une série d'autres pasteurs.

La déloyauté et la trahison peuvent facilement libérer un mauvais esprit domino dans votre église et votre ministère.

Le mauvais esprit domino : le numéro Un donne l'exemple

Une fois, j'ai ressenti l'effet de la présence d'un *mauvais esprit domino de déloyauté* à travers les actions d'un pilote que j'avais élevé pour qu'il devienne pasteur.

Parce qu'il était un pilote de Boeing 747 il avait pour base une grande et riche ville qui a était une plaque tournante pour la compagnie aérienne pour laquelle il travaillait. En dépit de sa position élevée dans la hiérarchie en tant que pilote de 747, il était un humble membre de l'église et nous l'avions formé pour qu'il devienne pasteur. En dépit de ses vols réguliers, il fut en mesure de gérer avec succès l'église qui prospéra.

Tout marchait bien jusqu'à ce que ce pasteur décide de rompre et de commencer un ministère distinct et indépendant. Il fut pris d'un esprit d'indépendance et ce monsieur ne voulu plus être sous supervision.

Mais les vrais problèmes que ce monsieur allait inspirer étaient encore à venir. En dépit des avertissements persistants de ne pas faire cela, il a commencé sa propre église à proximité de celle qu'il était à sa charge auparavant.

Quelques années plus tard, les gens ont commencé à suivre son exemple. Plusieurs membres de l'équipe de pasteurs à laquelle il avait appartenu ont commencé à rompre comme il l'avait fait quelques années plus tôt. Ils avaient appris par son exemple et lui avaient emboîté le pas.

L'un après l'autre ils ont quitté l'église et ont fait exactement ce qu'ils l'avaient vu faire. Ils ont tous commencé des églises séparées autour de leurs églises d'origine. Bientôt, l'horizon de la ville fut parsemé d'églises séparées avec plusieurs centaines de membres en pleine confusion qui ne savaient pas à quel groupe ils appartenaient.

Notre église était très stable avant ce pasteur-pilote « partant » dont l'esprit d'indépendance montra l'exemple. Un esprit de rébellion domino fut libéré dans l'équipe de pasteurs à travers les actions de ce premier pasteur déserteur. Ils l'avaient vu se détacher et il semblait ne pas avoir été puni. Ils se sont dit : « Si il peut le faire, c'est que nous pouvons le faire aussi. »

Il n'y a rien de mal à commencer votre propre ministère. Mais il y a quelque chose qui cloche quand vous le mettez en place comme une alternative à la congrégation dont vous étiez le pasteur en la détruisant.

La preuve de l'effet destructeur de ces actions est perceptible dans le nombre de personnes qui se déplacent de l'église principale vers la congrégation séparatiste, détruisant ainsi subtilement l'ancienne congrégation. Vous construisez une congrégation mais vous en détruisez subtilement une autre.

Nous vous connaissons par vos fruits

Vous êtes reconnu par vos fruits et non par vos paroles. Vous pouvez prétendre avoir une bonne attitude et vous battre pour la paix. Mais si votre fruit est la division, la déloyauté et la destruction subtile du ministère de quelqu'un d'autre, cela révèle qui vous êtes. Si vous êtes un fils qui s'élève pour semer la confusion, la division et le déshonneur dans la maison de son père, c'est cela qui nous dit qui vous êtes !

Il fut un temps où j'avais vingt-neuf pasteurs dans cette seule ville. Aucun n'avait jamais été infidèle ou déloyal envers moi. Ils m'aimaient beaucoup et m'étaient reconnaissants de l'honneur qui leur avait été fait d'être nommés pasteurs. Ils étaient reconnaissants de cette opportunité de servir le Seigneur dans cette ville. Les pasteurs eux-mêmes n'avaient jamais imaginé qu'ils auraient été honorés et ordonnés pasteurs. Mais à travers l'église, ils avaient été élevés et honorés dans le ministère. Personnellement, j'étais proche de beaucoup d'entre eux et j'avais même auparavant accueilli quelques-uns d'entre eux dans ma propre maison.

Mais avec l'avènement du départ de ce dernier pasteur, une nouvelle idée fut libérée dans l'esprit des autres pasteurs. Ils ont commencé à suivre l'exemple du pilote de 747 que j'appellerais Numéro Un.

Le mauvais esprit domino : Numéro Deux et Trois

Peu de temps après le départ du pasteur pilote, un autre pasteur a décidé de suivre son mauvais exemple. Je vais appeler ce nouveau pasteur partant Numéro Deux. Numéro Deux a décidé de rompre peu de temps après avoir été nommé pasteur. Il est parti emmenant autant de personnes qu'il le pouvait. Mais nous avons rapidement envoyé un autre pasteur pour stabiliser la situation dans cette église secondaire. Ce pasteur chargé de la stabilisation est la personne que j'appellerais Numéro Trois. Or, il s'avéra que Numéro Deux et Numéro Trois étaient tous deux médecins et avaient travaillé dans le même hôpital. Nous avons envoyé Numéro Trois et douze familles de l'église principale pour stabiliser et renforcer la congrégation.

Dans notre naïveté nous n'avons jamais pensé que Numéro Trois pourrait se retourner contre nous. À notre grande surprise, Numéro Trois suivit l'exemple de Numéro Un et Numéro Deux. Le complot de Numéro Trois était plus fort et il réussit à prendre la plupart des membres de l'église. Ce fut un grand acte de méchanceté commis par Numéro Trois.

Il avait comploté pendant longtemps et volé le cœur des gens. Mais le Seigneur jugera entre nous. Après la méchanceté de Numéro Trois, il ne restait plus rien de l'église et nous avons décidé de fermer complètement nos opérations là-bas

Le mauvais esprit domino : Numéro Quatre

Puis vinrent Numéro Quatre, Numéro Cinq, Numéro Six et Numéro Sept. Ces quatre là m'ont écrit expliquant qu'ils étaient mécontents des conditions dans lesquelles ils devaient travailler. Ces quatre pasteurs étaient des amis parce qu'ils avaient été à l'école de droit ensemble et avaient obtenu un diplôme d'avocat le même jour. Étant avocats, il était naturel pour eux de me donner un ultimatum. Dans leur lettre, ils m'avaient averti que si je ne m'y conformais pas ils se prononceraient sur ce que devait être « la prochaine étape ». « La prochaine étape », bien sûr ce fut leur rébellion complète et ouverte. Pensant que je pourrais sauver la situation, je décidai de me conformer à leur ultimatum et de satisfaire leurs demandes.

Mais le numéro quatre n'a pas attendu de recevoir ma réponse. Il a quitté le ministère avant de pouvoir même lire ma réponse.

Le mauvais esprit domino : Numéro Cinq

Numéro Cinq cependant était content de ma réponse à cette lettre. Il a déclaré qu'il allait continuer à être un pasteur fidèle et engagé du ministère. Il a ensuite affirmé sa loyauté envers moi. Mais comme la crise s'aggravait, une grande confusion se leva dans la branche de notre église où Numéro Cinq était pasteur. En fin de compte, nous avons décidé de la fermer et de demander aux membres de cette église succursale de rejoindre l'église principale. Mais toute l'église (dont le cœur avait été volé par Numéro Cinq) se révolta contre moi et vola en éclats. Numéro Cinq se plaignait qu'il était devenu sans le vouloir le chef de ce groupe séparatiste.

Le mauvais esprit de domino :
Numéro Six et Sept

Numéro Six et Sept reçurent ma réponse et je savais que j'avais respecté leur ultimatum. En dépit de cela, ils décidèrent de partir. Ce qui montra qu'ils avaient fait leur choix de toute façon. Numéro Six et Sept commencèrent à former immédiatement une nouvelle église dans cette même ville. Maintenant, nous avions plusieurs églises schismatiques dans une seule ville.

Le mauvais esprit domino :
Numéro Huit

Entre en jeu Numéro Huit. Après que Numéros Un à Sept aient pleinement manifesté leur opposition, Numéro Huit téléphona à un pasteur principal et lui dit qu'il priait pour savoir s'il devait quitter l'église. Il voulait vraiment que ce pasteur principal le conseille sur ce qu'il fallait faire. Lors d'une réunion, j'ai confronté Numéro Huit en ce qui concernait ses intentions de partir et de commencer une autre église séparée. Je lui ai dit : « Fais ce que tu veux faire maintenant. » Je lui ai dit que je savais qu'il cherchait conseil en ce qui concernait sa rupture avec l'église. Il a nié avec véhémence prétendant qu'il n'avait aucune intention de partir et a accusé le pasteur principal de mensonge. Quelques jours plus tard, cependant, Numéro Huit fit exactement ce qu'il avait dit ne pas avoir l'intention de faire. Numéro Huit procéda rapidement à la mise en place d'une autre église dans la ville.

Comme vous pouvez le voir, Numéro Un montra l'exemple qui déclencha un mauvais esprit domino de rébellion . Numéro Un n'a pas seulement lâché un esprit de rébellion, mais il a sorti un esprit *domino* de rébellion. Un « esprit domino » a un effet différent, car il entraîne une cascade de réactions en chaîne.

Vous devez comprendre l'effet domino de l'esprit du mal afin d'être pleinement motivé dans votre croisade contre la déloyauté et la trahison.

L'effet domino est la raison pour laquelle les pays dans la même région présentent des caractéristiques similaires. Ils se copient les uns les autres et apprennent les uns des autres. L'effet domino est l'effet de la présence d'un « esprit domino ». Il s'agit d'une réaction en chaîne qui se produit quand un petit changement entraîne une modification semblable à proximité, ce qui entraîne ensuite un autre changement semblable, et ainsi de suite.

L'esprit domino dans le monde

1. L'esprit de domino a causé des révolutions dans le monde entier.

Une révolution dans un pays déclenche souvent des révolutions dans d'autres pays. Vous remarquerez l'effet domino des révolutions dans le monde: La Révolution française est devenue un modèle pour les révolutions dans le monde entier. Elle a souvent été citée en exemple sur la manière de conduire une révolution.

1. De 1775 à 1787, la Révolution d'Amérique du Nord eu lieu entre 1775-1787. La Révolution française a suivi peu après de 1789 à 1815.

2. De 1789 à 1815 la Révolution française eu lieu.

3. De 1791 à 1804 la Révolution haïtienne eu lieu et a été grandement influencée par la Révolution française.

4. De 1810-1825 la Révolution espagnole eu lieu, elle aussi inspirée par les révolutions précédentes.

2. L'esprit domino a incité toutes les nations africaines à lutter pour leur indépendance.

La lutte pour l'indépendance à travers le continent africain a eu cet effet domino. La lutte pour l'indépendance dans un pays a souvent été remarquée par un pays voisin. Cela les a incités à se battre pour l'indépendance par rapport à leurs maîtres coloniaux. Bientôt, presque tous les pays eurent leur indépendance de la domination coloniale qu'ils soient prêts ou non.

1. 1951 : la Libye a acquis son indépendance.

2. 1952 : l'Égypte a gagné son indépendance.

3. 1956 : le Soudan et le Maroc

4. 1957 : le Ghana (Côte d'Or) a été le premier pays au sud du Sahara à gagner son indépendance.

5. 1958 : La Guinée a également gagné son indépendance.

6. 1960 : l'Algérie, la Mauritanie, le Mali, le Niger, le Tchad, le Sénégal, la Sierra Leone, la Côte d'Ivoire, le Burkina Faso (Haute-Volta), le Togo, le Bénin (Dahomey), le Nigeria, le Cameroun, le Gabon, le Congo-Brazzaville, la République Centrafricaine, le Congo-Léopoldville, l'Ouganda, le Kenya, la Somalie, le Rwanda, le Burundi, le Tanganyika, Zanzibar, la Zambie, le Malawi et le Madagascar

3. L'esprit domino a instauré l'instabilité en Afrique Occidentale.

Quand l'esprit méchant de domino est entré Afrique de l'Ouest, il a transformé l'ensemble de la sous-région en une étendue sauvage. Quand l'esprit méchant de domino entre dans une église ou une confession, il convertit toute l'église en un ministère de désolation.

Après que les pays africains aient acquis leur indépendance, le coup d'état est devenu le style préféré de rébellion. Encore une fois, vous remarquerez l'effet domino des coups d'état dans la région de l'Afrique de l'Ouest vers la fin des années 1970 et le début des années 80. En l'espace de cinq ans, plusieurs coups d'état eurent lieu dans plusieurs pays de la région intronisant dans la plupart des cas des dirigeants qui n'avaient aucune idée quant à comment diriger un pays.

Toute cette histoire prouve que la rébellion doit être arrêtée net dans son élan. Elle peut avoir un effet dévastateur et propagateur, déstabilisant des régions entières parce que les gens suivent des choses qu'ils ne comprennent pas.

1. En 1978 : Ghana, Fred Akuffo a dirigé un coup d'état contre Ignace Kutu Acheampong.

2. En 1979 : Ghana, Jerry John Rawlings en a conduit un contre Hilla Limann.

3. En 1979 : Guinée Équatoriale, il y eu un coup d'état organisé par Teodoro Obiang Nguema Mbasogo.

4. En 1980 : Guinée-Bissau, João Bernardo Vieira renverse le gouvernement de Luis Cabral dans un Coup d'État militaire sans effusion de sang le 14 Novembre.

5. En 1980 : Libéria, le sergent-chef Samuel Doe K organise un coup d'état contre le président William R. Tolbert, Jr et l'élite américano-libérienne.

6. En 1981 : Ghana, il y eut encore un autre coup d'état par Jerry John Rawlings contre le gouvernement du président Hilla Limann.

7. En 1983 : Burkina Faso, il y eut encore un autre coup d'état par Blaise Compaoré contre Jean-Baptiste Ouédraogo.

8. En 1984 : Guinée, Lansana Conté a également dirigé un coup d'état militaire contre le gouvernement en place.

4. L'esprit domino a provoqué les guerres civiles en Afrique.

Les guerres civiles ont commencé à être à la mode dans la région de l'Afrique de l'Ouest après que le Liberia ait montré la voie à tout le monde. Peu à peu, le message rentrait dans les têtes - « Levez-vous, Ô rebelles, luttez contre vos gouvernements ». C'est pourquoi il est important de prévenir les révoltes et les départs. Chacun d'eux conduisent à plus de rébellions et de départs.

1. En 1989 : guerre civile libérienne, la première guerre civile libérienne eut lieu de 1989 à 1996.

2. En 1990 : le Rwanda eut une guerre civile qui était un conflit au sein de la nation centrafricaine du Rwanda entre le gouvernement du président Juvénal Habyarimana et les rebelles du Front Patriotique Rwandais (RPF). Le conflit a débuté le 2 Octobre 1990, lorsque le RPF a envahi et prit fin ostensiblement le 4 août 1993 avec la signature des Accords d'Arusha pour créer un gouvernement de partage du pouvoir.

3. En 1991 : La guerre civile en Sierra Leone a commencé en 1991 et a été déclarée officiellement terminée le 18 Janvier 2002. Le Libéria aura en fin de compte deux guerres civiles.

4. En 1993 : Le Burundi eut une guerre civile qui dura de 1993 à 2005.

5. En 1998 : Le Congo a commencé une guerre qui a officiellement pris fin en 2003. Ce fut la plus grande guerre de l'histoire africaine moderne, elle a directement impliqué huit pays africains, ainsi que 25 groupes armés. La deuxième guerre du Congo, aussi connue sous le nom de la Première Guerre Mondiale Africaine et de la Grande Guerre de l'Afrique, a commencé en août 1998 en République Démocratique du Congo (anciennement le Zaïre), et a officiellement pris fin en juillet 2003,

lorsque le Gouvernement de Transition de la République Démocratique du Congo prit le pouvoir (même si les hostilités se poursuivent jusqu'à ce jour).

6. En 1999 : le Libéria a entrepris une deuxième guerre civile qui a duré jusqu'en 2003.

7. En 2002 : La guerre civile ivoirienne fut une guerre civile en Côte d'Ivoire qui a commencé le 19 Septembre 2002. Bien que la plupart des combats fussent terminés à la fin de 2004, le pays reste divisé en deux, avec un Nord aux mains des rebelles et un Sud détenu par le gouvernement.

5. **L'esprit domino a provoqué des émeutes dans le monde arabe.**

En 2011, des soulèvements dans le monde arabe ont donné lieu à une démonstration classique de l'effet domino. Un pays après l'autre connut des émeutes massives qui conduisirent au renversement de gouvernements de longue date. Les émeutes se propagèrent d'un pays à l'autre comme si elles étaient reliées par des fils invisibles.

Les Tunisiens ont révoqué leur président de longue date Zine El Abidine Ben Ali qui avait régné de 1987 à 2011.

Puis Moubarak le président égyptien qui avait régné de 1981 à 2011 a été évincé après des émeutes de style tunisien.

Les révoltes ont continué en Oman, au Bahreïn, au Yémen et en Libye. Ce sont des exemples classiques de l'effet que l'esprit domino a sur ce qui l'entoure.

Chapitre 6

Comment les graines de l'instabilité sont semées par ceux qui vous quittent

Ne vous y trompez pas : on ne se moque pas de Dieu.
Ce qu'un homme aura semé, il le moissonnera aussi.

Galates 6 : 7

Chaque fois que quelqu'un part dans un acte de rébellion il sème une graine contre son propre avenir. Peut-être, est-ce la principale raison pour laquelle vous devez grandir dans la loyauté et la fidélité. Le manque de loyauté est une graine que vous ne voulez pas récolter. Dans ce chapitre, je tiens à partager mon opinion sur les graines que les personnes rebelles plantent contre leur avenir. Ces graines se développeront et reviendront d'une manière plus forte et plus grande.

Si vous n'êtes pas spirituel, vous ne sauriez croire en la puissance de Galates 6 : 7 « Ce qu'un homme aura semé, il le moissonnera aussi » Beaucoup de choses dont nous sommes témoins aujourd'hui sont les résultats de graines qui ont été semées hier.

De nombreux ministres aux prises avec la division, la déloyauté et la confusion ont semé ces graines dans leur propre ministère. Ces choses ont grandi et reviennent les hanter. Le jeûne et la prière ne peuvent pas enlever un arbre que vous avez planté. Lier et délier ne peut pas empêcher les lois de Dieu concernant les semailles et les récoltes. Si vous ne voulez pas récolter certaines récoltes, vous devez apprendre à ne pas semer certaines graines.

Ce message est pour les gens qui ont semé certaines graines et souhaitent les arracher. Ce message sert également à vous avertir de ne pas semer les graines de certains fruits avec lesquelles vous ne pouvez pas vivre. S'il vous plaît, croyez en la parole de Dieu qui vous est offerte aujourd'hui. Ce qu'un homme sème, il le récoltera !

Il a brisé un de mes piliers, il a perdu deux de ses piliers

Il y a quelques années, j'ai eu un pasteur/pilier sur lequel je comptais. Il était mon pasteur adjoint et je faisais tout dans le ministère à travers lui. Il faisait les annonces, dirigeait le culte et stabilisait la congrégation pendant que je voyageais.

Un jour, un ministre de l'évangile l'a poussé à me quitter. Ce fut une expérience très difficile parce que mon ministère tout entier dépendait de ce pasteur/pilier. J'ai eu le cœur brisé et j'étais dans un état suicidaire quand cela m'est arrivé. Quelques mois plus tard, j'ai rendu visite à un homme de Dieu, un homme âgé qui a fait un commentaire qui m'est resté dans le cœur. Il a dit : « Si vous cassez la maison de quelqu'un pour construire votre maison, votre maison sera également cassée ».

Comme c'est vrai ! Pensez-vous que les gens vont se tenir tranquille alors que vous construisez votre maison avec les blocs de leur maison cassée ?

Quelques années plus tard, je regardais avec incrédulité comment le ministère tenu par mon pasteur/pilier commença à se désintégrer. Ils avaient l'air si fort quand ils avaient pris mon pasteur/pilier. Ce ministère avait à l'origine un pasteur principal et deux pasteurs/piliers. À mon grand étonnement ce pasteur principal perdit ses deux piliers en un an.

Comme vous le voyez, il a pris un de mes pasteur/pilier, mais il en a perdu deux. Vous devez faire attention aux graines que vous semez parce que vous aurez à les récolter un jour.

Jéroboam et Absalom fournissent les meilleurs exemples de personnes qui ont semé les graines de la révolte et ont récolté une moisson d'instabilité et de rébellion continue. Dans le texte que je reproduis ci-dessous, vous verrez comment Jéroboam et Absalom récoltèrent une moisson douloureuse à partir des graines qu'ils avaient semées.

1. **Ceux qui vous quittent sèment des graines qui les privent d'autorité.**

Ceux qui vous quittent sèment des graines de déloyauté et de rébellion.

Jéroboam a quitté le royaume d'Israël, prenant avec lui dix des tribus d'Israël. Ce départ était en soi le germe de l'incertitude. Jéroboam ensuite sema les graines qui conduisirent à sa destruction éventuelle. Il établit des autels à Dan et Bethel, créant ainsi des lieux de culte alternatifs pour le peuple de Dieu. Puis il a créé des fêtes que Dieu ne lui avait pas demandées et a ordonné comme prêtres un groupe de personnes indignes de cette fonction. Toutes ces actions ont été les graines qui ont conduit à sa destruction éventuelle.

Jéroboam sème les graines de l'instabilité

Jéroboam dit en son cœur : Le royaume pourrait bien maintenant retourner à la maison de David.

Si ce peuple monte à Jérusalem pour faire des sacrifices dans la maison de l'Éternel, le cœur de ce peuple retournera à son seigneur, à Roboam, roi de Juda, et ils me tueront et retourneront à Roboam, roi de Juda.

Après s'être consulté, LE ROI fit DEUX VEAUX D'OR, et il dit au peuple : Assez longtemps vous êtes montés à Jérusalem; Israël ! Voici ton Dieu, qui t'a fait sortir du pays d'Égypte.

Il plaça L'UN DE CES VEAUX A BÉTHEL, et il mit l'autre À DAN. Ce fut là une occasion de péché. Le peuple alla devant l'un des veaux jusqu'à Dan.

Jéroboam FIT UNE MAISON DE HAUTS LIEUX, et il créa des SACRIFICATEURS pris parmi tout le peuple et n'appartenant POINT AUX FILS DE LÉVI.

Il établit UNE FÊTE AU HUITIÈME MOIS, le quinzième jour du mois, comme la fête qui se célébrait en Juda, et il OFFRIT DES SACRIFICES SUR L'AUTEL. Voici ce qu'il fit à Béthel afin que l'on sacrifiât aux veaux qu'il avait faits. Il plaça à Béthel les prêtres des hauts lieux qu'il avait élevés.

Et il monta sur l'autel qu'il avait fait à Béthel, le quinzième jour du huitième mois, mois qu'il avait choisi de son gré. Il fit UNE FÊTE POUR LES ENFANTS D'ISRAËL, et il monta sur l'autel pour brûler des parfums.

1 Rois 12 : 26-33

2. **Ceux qui vous quittent récoltent une moisson de personnes incontrôlables.**

Ceux qui vous quittent récoltent une moisson d'instabilité.

Jéroboam a récolté une moisson: son royaume était instable. Il fut incapable de régner pendant plus de deux ans. Quelques années plus tard une rébellion réussit à renverser le fils de Jéroboam.

Jéroboam a récolté une moisson de personnes incontrôlables. Il se rendit compte qu'il ne pouvait pas contrôler les gens. Il savait que les gens qu'il avait menés contre Roboam se révolteraient contre lui et le tueraient s'ils en avaient la chance.

Jéroboam dit en son cœur : Le royaume pourrait bien maintenant retourner à la maison de David. Si ce peuple monte à Jérusalem pour faire des sacrifices dans la maison de l'Éternel, LE CŒUR DE CE PEUPLE RETOURNERA À SON SEIGNEUR, à Roboam, roi de Juda, et ILS ME TURONT ET RETOURNERONT À ROBOAM, roi de Juda.

1 Rois 12 : 26-27

Comment faire pour déstabiliser votre famille

Il y avait un pasteur qui fut envoyé en mission pour établir une église dans un pays asiatique. Comme il faisait le travail, il connut des difficultés diverses et devint dépressif et rebelle contre les autorités qui l'avaient envoyé. Il commença à mal communiquer jusqu'à ce qu'il ne cesse de communiquer tout à fait. Finalement, il se révolta ouvertement et quitta l'église sans donner de raisons.

Sa femme n'était pas en faveur de son action car elle voyait les éléments rebelles dans son discours et dans son attitude. Elle essaya de convaincre son mari de changer d'avis sur les choses qu'il disait et faisait, mais il n'en fit rien. Il partit brusquement et brutalement, coupant les ponts avec son ancien pasteur et d'autres personnes qu'il avait connues pendant de nombreuses années.

Tout le monde doit être prudent en matière de graines semées. Quelques années après son départ de l'église, il commença également à perdre le contrôle de sa propre famille. Sa femme décida soudainement de le quitter. Elle était devenue incontrôlable et avait décidé d'abandonner la famille sans autre discussion.

Ce pasteur était hors de lui, se demandant ce qu'il pouvait faire pour éviter que sa famille ne se disloque.

Quand j'en ai entendu parler j'ai pensé que cela était bien ironique. La femme de cet homme le quittait tout à coup et sans raison. C'est exactement ce qu'il avait fait à son pasteur et à son église quelques années auparavant.

Lorsque vous pratiquez la rébellion et la déloyauté, elles reviennent à vous amplifiées. Ce frère avait semé la graine contre sa propre autorité. Il était maintenant dépourvu de l'autorité dont il avait besoin pour régir sa propre famille !

Le rebelle le plus terrible qu'un ministre peut avoir est peut-être une épouse rebelle. Elle est le rebelle que vous êtes demandé d'aimer. Si l'esprit démoniaque de rébellion peut entrer dans une femme, elle devient l'outil le plus mortel utilisé contre l'homme de Dieu. À plusieurs reprises, j'ai vu des épouses des ministres complètement remplies de l'esprit de révolte avec lequel elles essayaient de contrôler leurs maris et de détruire leurs ministères.

Qui sera détruit ?

Une fois, l'épouse d'un ministre était déterminée à quitter son mari en public. Elle voulait que le monde entier sache qu'elle ne pouvait pas vivre avec lui. Ce ministre était profondément préoccupé parce qu'il savait que la réputation de son ministère dépendait en partie du bonheur de son couple. Sa femme le savait aussi, mais elle n'en avait que faire. Beaucoup de gens, y compris sa propre mère, la supplièrent de ne pas quitter son mari.

Finalement, la mère de cette dame mourut et toute contrainte disparut. Elle jeta les affaires de son mari hors de la maison et se sépara publiquement de lui.

L'esprit de rébellion cherche à détruire tout ce qui a été construit. Cette dame, bénissez son cœur, ne voulait écouter personne. Elle a rendu public son divorce afin que l'homme soit estimé tel qu'elle croyait qu'il était. En effet, le divorce a eu un effet dévastateur sur l'homme de Dieu. Plusieurs des pasteurs qu'il avait formés et une section de sa congrégation l'abandonnèrent.

Mais ce n'était pas seulement *sa* vie qui fut déstabilisée. C'est ce que je suis en train de prouver. L'instabilité que vous semez dans la vie de quelqu'un, vous la récoltez également. Sa vie à elle est devenue tout aussi instable car elle ressemblait à une branche tombée de l'arbre.

Les révoltés du Bounty

Une fois, j'ai regardé un film instructif appelé : « Les révoltés du Bounty ». Cette histoire met en lumière le fait que vous vous minez votre éventuelle autorité lorsque vous semez certaines graines. C'était un film sur l'histoire vraie d'une expédition britannique en 1787 dans l'île du Pacifique de Tahiti afin de recueillir des graines d'arbre à pain pour les transplanter dans les Caraïbes pour servir de nourriture aux esclaves.

Le Bounty avait mis les voiles vers l'ouest autour de la pointe de l'Amérique du Sud, mais échoua en raison des conditions météorologiques difficiles et dut prendre la route la plus longue, plus à l'est. Enfin arrivé à Tahiti en Octobre 1788, le capitaine Bligh a constaté qu'en raison des retards causés par des vents contraires un rapide voyage de retour était exclu ; il décida alors de rester sur l'île pendant quatre mois de plus. Pendant ce temps, la discipline sur le navire était devenue problématique et de nombreux membres de l'équipage avaient développé un goût pour les plaisirs faciles que la vie sur l'île offrait.

C'est alors que la mutinerie dirigée par un homme appelé Christian a lieu. Jouant sur le ressentiment que Christian nourrissait envers le capitaine Bligh en raison de la façon dont il avait traité les hommes et lui-même, les membres les plus militants de l'équipage réussirent finalement à convaincre Christian de prendre le contrôle du navire.

Bligh, ainsi que ceux considérés comme loyaux envers lui, furent tirés de leur lit et arrêtés et tous furent contraints de monter sur un bateau, très peu approvisionné, qui fut envoyé à la dérive.

Heureux d'avoir retrouvé leur liberté (bien que Christian ait des remords et comprenne les conséquences de ce qui venait de se passer), ils mettent les voiles pour retourner à Tahiti et prendre leurs épouses, petites amies et amis autochtones.

Le roi Tynah de Tahiti fut choqué par la tournure des événements. Il leur fit prendre conscience que, comme mutins, leur présence sur l'île pourrait inciter le roi George à déclarer la guerre à Tahiti et à son peuple. Réalisant que c'était de la folie de rester, même si certains le firent, ils rassemblèrent des provisions et embarquèrent à la recherche d'un refuge plus sûr.

La recherche d'un havre de paix fut longue et paraissait presque impossible car ils comprirent que tous les navires de la Royal Navy les rechercheraient sur toutes les îles et côtes connues.

À ce moment, ceux qui étaient restés à bord du Bounty étaient tellement frustrés qu'ils étaient prêts à se rebeller contre Christian, le chef de la mutinerie, afin de retourner en direction de Tahiti. Après que Christian ait forcé l'équipage à continuer, ils découvrirent finalement l'île de Pitcairn, un lieu qui selon Christian ne figurait peut-être pas sur les cartes britanniques de la région et qui serait ainsi leur meilleur chance d'éviter la marine royale.

Le capitaine Bligh en raison de son habileté de marin réussit, après un voyage très pénible, à atteindre la civilisation.

L'équipage du Bounty brûla ensuite le navire pour que personne ne le retrouve.

Pouvez-vous diriger ces gens ?

Une des choses qui m'a frappé alors que je regardais la mutinerie dans le film, Les révoltés du Bounty furent les mots d'adieu du capitaine légitime au chef des rebelles. Comme le capitaine montait sur le petit bateau sur lequel il avait été escorté, il se retourna et demanda à Christian, le chef des rebelles : « *Pouvez-vous diriger ces gens ?* »

C'est la grande question à poser à tous les mutins. C'est la question clé que tous les conspirateurs et les rebelles doivent se poser « **Pouvez-vous diriger ces gens ?** » Pouvez-vous conduire des gens que vous avez guidés dans la rébellion contre un chef légitime ? La réponse est « Non, vous ne le pouvez pas. »

Les gens ainsi dirigés ne vous seront jamais fidèles. Ils ont appris à se révolter et à renverser les autorités légitimes et ils vont sûrement mettre cela en pratique quand ils en auront l'opportunité. En effet, c'est ce qui s'est passé. Christian, le chef des rebelles, fut incapable de contrôler les autres mutins.

Est-ce qu'un pasteur peut diriger un groupe de membres de l'église rebelle qu'il a mené loin de leur chef légitime ? On doit poser la même question au pasteur : « *Pouvez-vous diriger ces gens ?* »

La réponse est « Non, vous ne serez pas en mesure de les diriger. » Vous ne serez pas en mesure de faire taire leur façon rebelle de parler. Vous ne serez pas en mesure d'éteindre leurs murmures et grondements continus.

Vous ne serez pas en mesure d'empêcher la haine et les complots autour de vous. Vous n'aurez jamais la stabilité que vous désirez.

Pourquoi ? Parce que vous avez semé les germes de l'instabilité et de la rébellion. Vous avez appris à vos disciples comment se rebeller contre des dirigeants légitimes. Ils ont bien appris et ils ont appris tout cela de vous ! Vous êtes leur plus grande source d'inspiration pour la déloyauté. Les germes de l'instabilité et de manque de loyauté ont été plantés et la récolte doit être récoltée !

3. **Ceux qui vous quittent sèment les graines du complot.**

Absalom a quitté son père et a semé les graines du complot et de la trahison. Il a prémédité et comploté contre son propre père. Il a renversé son père grâce aux propres sujets de son père.

Absalom disait : Qui m'établira juge dans le pays ? Tout homme qui aurait une contestation et un procès viendrait à moi, et je lui ferais justice. Et quand quelqu'un s'approchait pour se prosterner devant lui, il lui tendait la main, le saisissait et l'embrassait. Absalom agissait ainsi à l'égard de tous ceux d'Israël, qui se rendaient vers le roi pour demander justice. ET ABSALOM GAGNAIT LE CŒUR DES GENS D'ISRAËL.

2 Samuel 15 : 4-6

4. **Ceux qui vous quittent récoltent une moisson de trahison.**

Certaines personnes ne peuvent pas comprendre pourquoi ils ont continuellement des rebelles et des traîtres autour d'eux. Peut-être devraient-ils considérer les graines qu'ils ont semées dans le passé. Absalom était le conspirateur type et il récolta la même chose en retour. C'est son propre poison de traitrise qui l'a mené à sa perte Quelqu'un dans son propre camp a menti et simulé jusqu'à ce qu'il soit totalement détruit. Absalom a récolté la douloureuse moisson du comportement déloyal de Huschaï, l'Arkien. Lisez-le vous-même :

On vint dire à David : Achitophel est avec Absalom parmi les conjurés. Et David dit : Ô Éternel, réduis à néant les conseils d`Achitophel !

Lorsque David fut arrivé au sommet, où il se prosterna devant Dieu, voici, Huschaï, l`Arkien, vint au-devant de lui, la tunique déchirée et la tête couverte de terre.

David lui dit : Si tu viens avec moi, tu me seras à charge. Et, au contraire, tu anéantiras en ma faveur les conseils d`Achitophel, SI TU RETOURNES DANS LA VILLE ET QUE TU DISES À ABSALOM : Ô ROI JE SERAI TON SERVITEUR ; je fus autrefois le serviteur de ton père, mais je suis maintenant ton serviteur.

Les sacrificateurs Tsadok et Abiathar ne seront-ils pas là avec toi ? Tout ce que tu apprendras de la maison du roi, tu le diras aux sacrificateurs Tsadok et Abiathar. Et comme ils ont là auprès d`eux leurs deux fils, Achimaats, fils de Tsadok, et Jonathan, fils d`Abiathar, c`est par eux que vous me ferez savoir tout ce que vous aurez appris. HUSCHAÏ, ami de David, RETOURNA DONC À LA VILLE. Et Absalom entra dans Jérusalem.

2 Samuel 15 : 31-37

Absalom et tout le peuple, les hommes d`Israël, étaient entrés dans Jérusalem ; et Achitophel était avec Absalom.

Lorsque Huschaï, l`Arkien, ami de David, fut arrivé auprès d`Absalom, il lui dit : Vive le roi ! vive le roi ! Et Absalom dit à Huschaï : Voilà donc l`attachement que tu as pour ton ami ! Pourquoi n'es-tu pas allé avec ton ami ?

HUSHAÏ RÉPONDIT À ABSALOM : C`est que je veux être à celui qu`ont choisi l`Éternel et tout ce peuple et tous les hommes d`Israël, et c`est avec lui que je veux rester.

D`ailleurs, qui servirai-je ? Ne sera-ce pas son fils ? COMME J'AI SERVI TON PÈRE AINSI JE TE SERVIRAI.

2 Samuel 16 : 15-19

Chapitre 7

Les graines de la stabilité

L e royaume de David fut stable jusqu'à la fin. Il avait plus d'autorité en tant que vieux roi mourant dans son lit que de nombreux chefs d'États aujourd'hui. Les pasteurs ont besoin d'avoir ce genre de pouvoir dans leurs églises. Une seule instruction du pasteur doit être capable d'inspirer la loyauté et de réprimer les soulèvements dans les rangs.

Pourquoi le trône de David était-il si stable ? Le trône de David était stable, car il a semé les graines qui donnent l'autorité à une personne.

Églises instables

Une église instable est celle dans laquelle il y a des soulèvements constants et des rébellions. La Bible parle d'un roi contre lequel il n'existe pas de soulèvement.

[…] et le roi à qui personne ne résiste.

Proverbes 30 : 31

Les églises instables ont l'infortune d'avoir des dirigeants, associés et assistants en rébellion constante contre le leader. Il y a souvent beaucoup de départs dans l'église. Il se peut même que l'église se divise.

Dans la congrégation, on trouve souvent des groupes qui ont des opinions différentes sur des choses différentes. Dans la congrégation, il y a souvent beaucoup de murmures et de grondements sur beaucoup de choses sans importance. Souvent, les racines de l'instabilité commencent dès le début de l'église. De nombreux dirigeants sèment les germes de l'instabilité, de la déloyauté et de la trahison à un point ou à un autre dans leur ministère.

Quand je vois des églises instables je me demande souvent : « Quelles graines cette personne a-t-elle semées ? » Quelles racines spirituelles sont à l'origine des bases de ce ministère.

J'ai semé une mauvaise graine et je l'ai rapidement déracinée

Il y a plusieurs années, je rompis avec la branche d'un ministère auquel j'appartenais. À l'époque, je ne pensais pas que ce que j'avais fait était mauvais. Je sentais qu'ils n'étaient pas en phase avec ce que l'Esprit faisait et j'avais besoin de marcher dans les pas du Saint-Esprit. J'étais sûr que j'avais raison et qu'ils avaient tort.

Un jour cependant, le Seigneur m'a montré en vision l'image d'un ministère désintégré qui avait besoin d'une grande réparation. En bref, le Saint-Esprit m'a condamné pour la façon dont j'avais commencé ce ministère. *Il m'a expliqué clairement que j'avais eu tort et qu'ils avaient raison.* Je me trouvais maintenant en grande difficulté ne sachant pas comment corriger ce que j'avais fait.

Le Seigneur m'a demandé de leur présenter des excuses et de leur demander ce qu'il fallait faire. J'ai été reçu avec miséricorde et j'ai été pardonné pour mes péchés. Je suis toujours reconnaissant pour la gentillesse et la direction dont ce ministère a fait preuve. Grâce à la miséricorde du Seigneur j'ai été capable de déraciner la graine de la révolte que j'avais plantée et qui aurait conduit à mon éventuelle instabilité.

Cher ami, quelles graines avez-vous semées pour votre ministère ? Si vous êtes une personne spirituelle vous devez croire dans les principes spirituels du Verbe ; ce qu'un homme sème, il doit le récolter.

Le trône stable de David

Le trône de David est l'image de l'autorité donnée par Dieu. David représente l'autorité donnée par Dieu, comme Salomon représente la sagesse donnée par Dieu. N'oubliez pas que seuls trois rois ont été en mesure de maintenir l'autorité sur les tribus d'Israël: Saül, David et Salomon. Personne d'autre n'eut le pouvoir de régner sur tout Israël. Le trône de David était si stable que le trône de Jésus sera mis en place sur le trône de David.

Car un enfant nous est né, un fils nous est donné, Et la domination reposera sur son épaule ; On l'appellera Admirable, Conseiller, Dieu puissant, Père éternel, Prince de la paix. Donner à l'empire de l'accroissement, Et une paix sans fin au TRÔNE DE DAVID et à son royaume, L'affermir et le soutenir par le droit et par la justice, Dès maintenant et à toujours: Voilà ce que fera le zèle de l'ÉTERNEL des armées.

Ésaïe 9 : 6-7

Les sept graines de la stabilité

1. **Semez une graine de stabilité en permettant à Dieu de vous mettre à votre place sans toucher à l'oint du Seigneur.**

Ne pas manipuler quoi que ce soit. David permit à Dieu de faire de lui le roi.

Mais David dit à Abischaï, « Ne le détruis pas ! car qui pourrait impunément porter la main sur l'oint de l'Éternel ? » David dit aussi : « Et David dit : L'Éternel est vivant! c'est à l'Éternel seul à le frapper, soit que son jour vienne et qu'il meure, soit qu'il descende sur un champ de bataille et qu'il y périsse. Loin de moi, par l'Éternel ! de porter la main sur l'oint de l'Éternel ! Prends seulement la lance qui est à son chevet, avec la cruche d'eau, et allons-nous-en.

1 Samuel 26 : 9-11

2. **Semez une graine de la stabilité en ne vous rebellant pas contre les autorités légitimes.**

David ne se révolta pas contre le roi légitime et oint. Saül commis beaucoup de péchés qui aurait pu être un fondement pour la rébellion. David ne se révolta pas contre Saül. Il s'est simplement enfui.

Le lendemain, le mauvais esprit de Dieu saisit Saül, qui eut des transports au milieu de la maison. David jouait, comme les autres jours, et Saül avait sa lance à la main. Saül leva sa lance, disant en lui-même: Je frapperai David contre la paroi. Mais DAVID SE DÉTOURNA DE LUI deux fois.

1 Samuel 18 : 10-11

3. Semez une graine de la stabilité en étant bon pour les pères.

Ce n'est pas votre place de réprimander ou de corriger les pères. « Corriger vers le haut c'est la rébellion. » David n'a pas réprimandé son père Saül. Au contraire, il fut bon envers lui.

Lorsque David eut fini d'adresser à Saül ces paroles, Saül dit : Est-ce bien ta voix, mon fils David ? Et Saül éleva la voix et pleura. Et il dit à David : Tu es plus juste que moi ; CAR TU M'AS FAIT DU BIEN, et moi je t'ai fait du mal. Tu manifestes aujourd'hui la bonté avec laquelle tu agis envers moi, puisque l'ÉTERNEL m'avait livré entre tes mains et que tu ne m'as pas tué. Si quelqu'un rencontre son ennemi, le laisse-t-il poursuivre tranquillement son chemin ? Que l'Éternel te récompense pour ce que tu m'as fait en ce jour !

1 Samuel 24 : 16-19

4. Semez une graine de la stabilité en n'éliminant ou n'humiliant pas vos prédécesseurs.

David n'a pas tué Saul quand il en eut l'occasion. C'est un principe important dans la graine que l'on sème pour un ministère stable. La plupart des jeunes ministres auront l'occasion d'humilier les ministres âgés, fatigués par la bataille et marqués par le temps. C'est le moment de semer une graine pour la stabilité de votre avenir.

Saül prit trois mille hommes d'élite sur tout Israël, et il alla chercher David et ses gens jusque sur les rochers des boucs sauvages. Il arriva à des parcs de brebis, qui étaient près du chemin ; et là se trouvait une caverne, où il entra pour se couvrir les pieds. David et ses gens étaient au fond de la caverne. Les gens de David lui dirent : Voici le jour où l'Éternel te dit : Je livre ton ennemi entre tes mains; traite-le comme bon te semblera. David se leva, et coupa doucement le pan du manteau de Saül. Après cela le cœur lui battit, parce qu'il avait coupé le pan du manteau de Saül. Et il dit à ses gens : Que l'Éternel me garde de commettre contre mon seigneur, l'oint de l'Éternel, une action telle que de porter ma main sur lui ! car il est l'oint de l'Éternel.

1 Samuel 24 : 2-6

5. **Semez une graine de la stabilité en ne permettant pas aux gens autour de vous de combattre ou d'éliminer les pères.**

Par ces paroles David arrêta ses gens, et les empêcha de se jeter sur Saül. Puis Saül se leva pour sortir de la caverne, et continua son chemin.

1 Samuel 24 : 7

Il est également important d'éviter que vos subordonnés et collaborateurs aient une attitude rebelle face à l'autorité. Il est facile de se cacher derrière eux et de dire que vous n'avez rien à voir avec leurs attaques.

Le père spirituel, le fils spirituel et les serviteurs spirituels

Il y avait un fils spirituel qui était constamment en conflit avec son père spirituel. Il essayait de maintenir une apparence de bonne relation avec son père mais il était facile de voir la tension et le malaise qui existait entre eux.

Un jour, le père spirituel rendit visite à son fils spirituel dans sa maison. Celui-ci l'accueillit dans la salle de séjour et se mit à le divertir, en faisant semblant d'apprécier la visite. Enfin, à la fin de la visite, le père spirituel décida de prier pour le fils spirituel. Il pria avec force pour la bénédiction du fils spirituel et sa famille. Puis il quitta la maison raccompagné par le fils spirituel.

Dès que le père spirituel partit, trois jeunes hommes sortirent de l'une des pièces de la maison. Ces trois jeunes hommes étaient les serviteurs spirituels du fils spirituel. Ils s'étaient cachés derrière la porte, attentifs à l'interaction entre le père spirituel et le fils spirituel. Les trois serviteurs spirituels prirent des balais et, prophétiquement, ils commencèrent à balayer la salle de séjour pour contrer les prières du père spirituel. Ils déclarèrent que les prières du père spirituel étaient plutôt une malédiction envers leur maître et ils lavèrent ainsi la maison de cette malédiction.

Le fils spirituel ne fit rien pour empêcher ces trois serviteurs spirituels de balayer les prières du père spirituel. Ce faisant, le fils spirituel a prêté son approbation au nettoyage des prières par ces trois serviteurs spirituels.

À l'avenir, le fils spirituel doit s'attendre à ce que ces serviteurs spirituels aient une attitude irrespectueuse et rebelle envers l'autorité. Le fils spirituel doit aussi s'attendre à avoir beaucoup de mal avec ces serviteurs spirituels parce qu'il leur a permis de se dresser contre un père spirituel.

En revanche, le roi David n'a pas permis à ses serviteurs d'attaquer le roi Saül. Il ne s'est pas seulement abstenu lui-même, mais il a empêché ceux qui l'entouraient d'attaquer les autorités spirituelles. Faut-il s'étonner qu'il ait eu un trône stable ?

6. Semez une graine de la stabilité en vous déplaçant graduellement vers des positions d'autorité.

David a changé progressivement de position en commen-çant comme berger (1 Samuel 17 : 14-15) puis en continuant comme musicien oint de la cour (1 Samuel 16 : 23) pour finalement devenir guerrier. David est alors devenu un chef de file d'un groupe de parias (1 Samuel 22 : 1-2). Il a ensuite fini par devenir le roi de Juda, et finalement il est devenu le roi de tout Israël.

7. Semez une graine de stabilité en attendant les années qu'il faut pour devenir un homme d'autorité.

L'autorité n'est pas donnée aux novices. L'autorité n'est pas donnée aux « hommes de connaissance sans expérience ». L'autorité est donnée aux hommes dont la connaissance est tempérée par l'expérience et l'amour de Dieu.

David était âgé de trente ans lorsqu'il devint roi, et il régna quarante ans.

2 Samuel 5 : 4

Chapitre 8

Les tragédies de ceux qui vous quittent

U ne tragédie est un événement qui cause de grandes souffrances, la destruction et la détresse. Une des plus grandes tragédies que j'ai observée est la tragédie du peuple qui détruisit sa vie en laissant ce qu'il n'aurait jamais dû quitter. Beaucoup de douleurs et de souffrances sont libérées quand une personne se déplace hors de sa position.

Peut-être, la plus grande tragédie est-elle la perte de vie et de ministère causée par les gens qui quittent quelque chose ou quelqu'un alors que Dieu avait prévu qu'ils restent. Les « partants » gaspillent souvent leur argent, leur vie, leur talent et leur vocation.

Des années après leurs départs, ces personnes rebelles vivent dans l'isolement, la stérilité et la vacuité. Ils ne sont jamais devenus ce qu'ils avaient été appelés à être. Ils n'ont jamais porté les fruits qu'ils auraient pu porter en restant là où ils auraient dû rester. Malheureusement, bon nombre de ces « partants » qui sont en rébellion ne se repentent jamais. Souvent, ils ne font pas le rapprochement entre leurs problèmes et le fait qu'ils n'auraient jamais dû partir.

Jésus a raconté l'histoire de deux fils qui ont eu des destins différents en dépit du fait qu'ils avaient le même père. Ceci pourrait aussi être l'histoire de deux ministres ayant le même père spirituel. Ceci illustre les différents destins que les gens peuvent avoir lorsqu'ils suivent des chemins différents.

[...] Il dit encore : Un homme avait deux fils. Le plus jeune dit à son père : Mon père, donne-moi la part de bien qui doit me revenir. Et le père leur partagea son bien. Peu de jours après, le plus jeune fils, ayant tout ramassé, partit pour un pays éloigné, où il dissipa son

bien en vivant dans la débauche. Lorsqu'il eut tout dépensé, une grande famine survint dans ce pays, et il commença à se trouver dans le besoin.

Luc 15 : 11-14

1. LA TRAGÉDIE D'UNE POSITION PERDUE.

[...] je ne suis plus digne d'être appelé ton fils ; traite-moi comme l'un de tes mercenaires.

Luc 15 : 18,19

Si Dieu ne vous a pas appelé à être indépendant, ne faites pas l'erreur de sortir de votre propre chef. Si vous faites cette erreur, vous serez obligé de refaire une demande pour une position inférieure. La plupart des postes haut placés appartiennent aux gens qui sont restés fidèles depuis de nombreuses années. Le rêve de Satan est de vous faire tomber. L'envie de quitter votre position, donnée par Dieu, est une volonté démoniaque qui vient d'esprits démoniaques cherchant votre chute et déshonneur.

Au moment où j'écris ce livre, je pense à tant de gens qui illustrent ce point. Leurs vies sont aujourd'hui les fantômes de ce qu'elles auraient été si seulement ils étaient restés à leurs places.

Le chef d'église célèbre

Un jour, je mets à la télévision et je vois un célèbre chanteur chrétien que je n'avais pas vu ou entendu depuis de nombreuses années. Il avait produit plusieurs albums de louanges et de dévotion qui contenaient des chansons classiques qui avait été chantées et sont encore chantées dans nos églises. Parce que j'ai reconnu ce chanteur, j'ai décidé d'écouter l'interview. À mon grand étonnement, j'ai découvert que le chanteur avait commis l'erreur de quitter la position qui lui avait été donnée par Dieu.

Le chanteur a expliqué comment il était devenu l'un des chefs d'église les plus importants de tous les temps. Au sommet de sa gloire dans le ministère, il décida de quitter son poste. Il avait reçu des invitations d'un pays riche qui lui offrait des emplois prestigieux dans d'autres églises.

Ce célèbre chanteur raconta comment il avait eu foi en ces offres et avait quitté sa position de leader le plus ancien de cette église très importante pour suivre les offres qui semblaient plus prestigieuses. Il raconta l'histoire déplorable sur la façon dont il avait perdu tout ce qu'il possédait.

Il a expliqué que quand il est arrivé dans le pays, l'offre d'emploi qui semblait si intéressante n'a pas fonctionné comme il le pensait. La plupart des promesses qu'il avait reçues ne se sont pas concrétisées. Il a été forcé de quitter le nouveau ministère pour voler de ses propres ailes. Il a poursuivi son récit en expliquant comment son ministère avait traversé la phase la plus sombre de sa vie. Il avait essayé une chose après l'autre avec peu de succès.

Il a avoué à la télévision qu'il avait commis l'une des plus grandes erreurs de sa vie en quittant cette église où il était le chantre principal. Il a décrit comment il avait vécu la perte d'un ministère, la perte de visibilité et le manque de toutes choses, y compris l'absence d'un travail de première nécessité. Cet homme avait essayé d'être la « tête d'une fourmi » quand il aurait été préférable d'être la « patte d'un éléphant. »

Je compris alors où ce ministre avait été toutes ces années. Tout comme le fils prodigue, il mangeait à la table des porcs, tandis qu'il aurait pu profiter de la vie à la table de son père. Quelle tragédie que de quitter votre position donnée par Dieu et de suivre des illusions !

Un jour, j'ai prêché dans l'église où cet homme avait été un leader. Comme j'étais assis au premier rang me préparant à prêcher, je regardais la dame conduisant le service et ne pus pas m'empêcher de me souvenir du leader jadis célèbre. Sa position avait été prise par des gens qui n'avaient pas la moitié de son talent. Quel gaspillage de talent. Quel gâchis d'une position donnée par Dieu.

Qu'est ce qui pousse un ministre couronné de succès à devenir une personne rebelle, agitée et en pleine adversité ? La réponse est simple. Quitter votre position donnée par Dieu et gaspiller les opportunités qui seraient venues à vous grâce à cette position. Voulez-vous suivre cet exemple ? Certainement pas ! Prenez la décision de ne pas perdre la position que vous avez.

2. LA TRAGÉDIE DE LA DÉSOLATION ET DE LA PAUVRETÉ.

Mon enfant, lui dit le père, tu es toujours avec moi, et tout ce que j'ai est à toi ; mais il fallait bien s'égayer et se réjouir, parce que ton frère que voici était mort et qu'il est revenu à la vie, parce qu'il était perdu et qu'il est retrouvé.

Luc 15 : 31-32

Le père a expliqué au frère aîné, « Tout ce que j'ai est à toi. Je n'ai pas organisé cette fête pour célébrer le retour de ton frère. En réalité, il n'a rien et tu as tout. »

Avez-vous dit rien ? Est-il vrai que le fils prodigue revenu n'avait rien ? Oui, rien veut dire rien. Ne rien avoir est l'une des tragédies qui vous arrivera pour avoir quitté la position qui vous a été donnée par Dieu.

De la grâce à la crasse

Il y a des années, j'ai assisté à la montée d'une méga-église en Asie. Cette méga- église était dirigée principalement par un pasteur et ses deux associés. Cette équipe est devenue une équipe de prédicateurs de l'Évangile bien connue et prospère. Tout le monde écoutait leurs messages et tout le monde levait les yeux vers eux. Cependant, le jour vint où l'un d'eux a décidé de quitter l'équipe.

Un jour, ce pasteur (qui était aussi pharmacien) fut interviewé à la télévision et on lui posa des questions sur sa vision de son nouveau ministère. Il expliqua comment il avait, à lui seul, augmenté la taille de son église qui était passée à plus de mille membres. Il semblait clair qu'il pouvait s'en sortir tout seul.

Ce « partant » estimait qu'il était au moins aussi capable que son pasteur principal pour faire croître son église (je suis aussi bon que vous).

Quand j'entendis qu'il avait créé une église de plus d'un millier de membres dans un délai aussi court, je fus impressionné et je pensai qu'il était sans doute capable de faire croître une église. Ce que je ne savais pas c'est que ce monsieur n'avait pas les capacités pour gérer une église.

Après de nombreuses années, j'ai appris qu'il avait essayé de faire démarrer sept églises différentes et que chacune d'elles avait été un énorme échec.

« Quelle tragédie » me suis-je dit.

Ce monsieur avait été un ministre de premier plan et florissant. Mais il avait été ramené à néant en quittant sa position donnée par Dieu. Les difficultés financières de ce ministre déchu devinrent de plus en plus flagrantes. Ce ministre qui eut jadis richesses et succès essayait maintenant beaucoup de différentes voies dans le ministère.

Il décida de tenter sa chance dans différents pays. Parfois, j'entendais parler de lui en Australie et d'autres fois en Amérique latine. On lui offrit une bonne position dans une église de prestige, mais après un certain temps, il fut clair qu'il était incapable de conserver un emploi. Après avoir lancé des accusations contre son employeur, il partit pour essayer quelque chose de nouveau.

Puis il décida de devenir un conférencier motivateur. Mais personne ne voulait l'écouter, et personne ne voulait acheter ses cassettes. Il commença à être endetté, incapable de payer pour la production des CD de ses discours de motivation. Il n'avait pas d'argent et il n'avait aucune source de revenu. Sa licence de pharmacien ayant expiré, il fut incapable d'obtenir un emploi comme pharmacien. Alors que sa crise financière s'aggravait, certains de ses vieux amis lui donnèrent la charité pour qu'il tienne le coup.

Comme je suivais la chute incroyable de ce ministre, je n'ai pas pu m'empêcher de penser à sa gloire passée. Il reste pour moi l'exemple le plus frappant de la tragédie de la désolation qui suit les gens qui quittent la position que Dieu leur a donnée. Tout comme le fils prodigue, cet homme avait « commencé à être dans le besoin et personne ne lui donnait rien. »

3. LA TRAGÉDIE DES RELATIONS PERDUES.

Lorsque vous quittez la position que Dieu vous a donnée, vous créez des obstacles entre vous et votre père spirituel. Cela modifie votre relation et vous coupe des conseils et des apports que vous pourriez recevoir.

En partant, le fils prodigue gaspilla des années de relations et de conseils dont il aurait pu bénéficier. C'est peut-être la plus grande tragédie de toutes ces tragédies ; avoir accès à une grande sagesse, une grande fraternité, une grande onction et tout perdre parce que vous vous déplacez hors de votre position.

4. LA TRAGÉDIE D'UN HÉRITAGE PERDU.

Elie avait un serviteur qui avait quitté le ministère et avait raté l'onction (1 Rois 18 : 41-44). C'était le serviteur qui l'avait aidé à tuer les prophètes de Baal. C'était le serviteur qui avait été envoyé à sept reprises pour voir si les nuages de pluie s'étaient rassemblés.

C'était le serviteur qui avait vu la puissance miraculeuse du ministère d'Elie. Pourtant, il quitta Elie au milieu de son ministère !

Lorsque vous quittez votre position donnée par Dieu, vous risquez de perdre l'onction que vous auriez reçue. Lorsque vous quittez votre poste, vous pouvez également perdre votre héritage.

Le concept d'héritage spirituel est réel. L'épître aux Éphésiens nous enseigne que l'héritage spirituel est une réalité. « […] et qu'il illumine les yeux de votre cœur, pour que vous sachiez quelle est l'espérance qui s'attache à son appel, quelle est la

richesse de la gloire de son héritage qu'il réserve aux saints. »
(Ephésiens 1 : 18).

Si vous êtes comme un fils pour votre pasteur, un héritage
d'onction et de dons spirituels vous sera légué naturellement - de
même que la propriété passe naturellement d'un père à un fils.

Vous devez recevoir tous les dons et l'onction que vous
pouvez. Ne perdez pas votre héritage spirituel !

Bien qu'Élisée ait eu un père biologique appelé Shaphat, il
reçut Élie comme son père et l'appela « Père ». « Et Élisée le
vit et s'écria: Mon père, mon père... » (2 Rois 2 : 12). L'onction
passa naturellement d'Élie à son fils spirituel, Élisée.

*Avez-vous remarqué que les pasteurs qui quittent leurs pères
spirituels dans la rébellion ne portent un certain type d'onction ?
Il y a beaucoup de gens qui ne voient jamais une goutte d'héritage
spirituel à cause de la façon dont ils ont quitté la maison.*

Quand votre père écrira son testament, comment pourra-t-
il savoir si vous êtes en vie ou non ? Pourquoi devrait-il vous
coucher sur son testament s'il ne vous a pas vu depuis des
années ? Doit-il laisser ses biens à un fantôme ? Certainement
pas !

Chapitre 9

Comment faire pour identifier ceux qui vous quitteront

Ceux-ci sont ceux qui se séparent eux-mêmes [...]
Jude 1 : 19 (J.N. Darby)

L es Écritures sont claires sur ceux qui se séparent. Ceux qui se séparent sont ceux qui vous quitteront.

Jude prophétise au sujet de ces personnes et consacre toute son épître aux personnes qui partent et se séparent de la congrégation. Avec l'épître de Jude, vous pouvez vous munir d'une description précise du genre de personne qui sont susceptibles de vous quitter brusquement.

Prenez donc note de ces descriptions, car elles sont utiles pour vous aider à vous protéger et ne pas être une victime de ces déserteurs.

Je prédis que les personnes suivantes vont partir :

1. LES HOMMES QUI MARCHENT DANS L'ERREUR DE BALAAM VONT PARTIR.

Malheur à eux ! Car ils ont suivi la voie de Caïn, ils se sont jetés pour un salaire dans l'ÉGAREMENT DE BALAAM, ils se sont perdus par la révolte de Coré.
Jude 11

Balaam est célèbre pour demander de l'argent pour ses prophéties. L'erreur de Balaam est de prêcher l'Évangile contre de l'argent. Je souhaiterais que cela soit différent mais beaucoup d'entre nous exercent ce ministère pour l'argent.

Les pasteurs des églises pauvres se séparent rarement. Toutefois, les pasteurs des églises financièrement fortes sont souvent les coupables affectés par le syndrome du « départ ». Ils ont besoin de se séparer afin de prendre le contrôle de la puissance et l'argent. Ils font toutes sortes de choses pour détruire l'église à laquelle ils ont jusque-là appartenu et en même temps ils accusent le Saint-Esprit de dicter leur départ.

Méfiez-vous des hommes qui marchent dans l'erreur de Balaam. Méfiez-vous des hommes qui demandent de l'argent pour jouer de l'orgue, de la batterie et de la guitare. Méfiez-vous des gens qui demandent de l'argent pour venir aux répétitions de la chorale. Méfiez-vous des gens qui demandent des frais de déplacement pour chaque petit voyage qu'ils font. La plupart des gens qui partent marchent dans l'erreur de Balaam !

2. LES ÉCUEILS CACHÉS PARTIRONT.

CE SONT DES ÉCUEILS DANS VOS AGAPES, faisant impudemment bonne chère, se repaissant eux-mêmes. Ce sont des nuées sans eau, poussées par les vents ; des arbres d'automne sans fruits, deux fois morts, déracinés ; des vagues furieuses de la mer, rejetant l'écume de leurs impuretés ; des astres errants, auxquels l'obscurité des ténèbres est réservée pour l'éternité.

Jude 12-13

Un écueil est une crête de rocher, corail, ou de sable juste au-dessus ou en dessous de la surface de la mer. Un écueil est donc une source de grand danger pour les navires. Les écueils cachés peuvent mettre fin à la vie d'un navire tout d'un coup. Les hommes qui vous laisseront sont décrits comme des écueils. De tels hommes sont souvent cachés, hors de votre vue.

C'est pourquoi il est important de se renseigner sur les signes de déloyauté. Beaucoup de gens affichent ces signes avant de se retourner contre vous.

Une fois, j'ai regardé un film sur la vie du célèbre guerrier Chaka Zoulou. En prenant de l'âge alors que je l'ai regardé à nouveau, j'ai tout de suite repéré les signes du rebelle. Sa haine pour son père à cause de la façon dont sa mère avait été traitée a été le premier mauvais signe que j'ai remarqué. Mais il y en avait plusieurs autres. Son attitude envers son commandant dans l'armée, son indépendance, son entêtement et son esprit de vengeance sont autant de signes d'un avenir sanglant.

Ces gens ne sont pas si difficiles à repérer si vous connaissez les signes. Hitler et Staline étaient des membres de la chorale dans leurs églises. Les deux furent expulsés de l'école à cause de leur entêtement et de leur esprit de rébellion.

Staline a même été expulsé des cours d'étude biblique auxquels sa mère l'avait inscrit. Tous deux étaient remplis de haine pour les autorités en place et ils les confrontèrent quand ils en eurent l'opportunité. En effet, Staline et Hitler étaient des écueils de destruction cachés attendant le moment opportun pour se manifester.

Méfiez-vous des écueils cachés. Apprenez à les repérer, même dans les films. Découvrez comment ils parlent. Comprenez leur langue et leurs postures. Observez leur attitude et vous deviendrez un expert dans la détection des écueils cachés qui vous quitteront un jour !

3. LES HOMMES QUI SE SOUCIENT TROP D'EUX-MÊMES VOUS LAISSERONT.

Ce sont des écueils dans vos agapes, faisant impudemment bonne chère, SE REPAISSANT EUX-MÊMES. Ce sont des nuées sans eau, poussées par les vents ; des arbres d'automne sans fruits, deux fois morts, déracinés ; des vagues furieuses de la mer, rejetant l'écume de leurs impuretés ; des astres errants, auxquels l'obscurité des ténèbres est réservée pour l'éternité.

Jude 12-13

Les gens qui ne s'occupent que d'eux-mêmes sont des hommes dangereux. Un bon ministre doit prendre soin du troupeau. Un bon ministre doit prendre soin des autres et pas seulement de lui-même. Certaines personnes ne semblent concernées qu'une fois que *leur* église est cassée. Ils ne se soucient pas si *d'autres* églises sont brisées. Les meurtriers de masses qui font la litière de l'histoire de l'humanité ne doivent pas avoir pensé beaucoup aux autres. Les sbires d'Hitler assassinaient des milliers de personnes pendant la journée avant de rentrer à la maison pour jouer avec leurs femmes et leurs jeunes enfants dans la soirée.

De toute évidence, ils se préoccupaient de leur propre famille, mais ne pensaient pas beaucoup aux familles qu'ils détruisaient par leur cruauté. Peut-être ne se sont-ils jamais souciés du genre de douleur qu'ils infligeaient sur le monde.

Méfiez-vous des hommes qui sont désolés pour eux-mêmes et ne se sentent pas désolés pour les autres. Un vrai ministre doit avoir un cœur compatissant et s'apitoyer sur les situations pitoyables des autres.

4. LES NUÉES SANS EAU ET LES ARBRES SANS FRUITS PARTIRONT.

Ce sont des écueils dans vos agapes, faisant impudemment bonne chère, se repaissant d'eux-mêmes. CE SONT DES NUÉES SANS EAU, poussées par les vents ; des arbres d'automne sans fruits, deux fois morts, déracinés ; des vagues furieuses de la mer, rejetant l'écume de leurs impuretés ; des astres errants, auxquels l'obscurité des ténèbres est réservée pour l'éternité.

Jude 12-13

Un examen attentif des personnes rebelles révèlera qu'ils sont des nuages sans eau ou des arbres sans fruits. Ces deux phrases décrivent des hommes de paille. Les nuages généralement apportent la pluie à la terre desséchée. La terre attend une pluie d'eau douce venant des nuages qui s'amassent. Quelle déception quand il n'y a rien dans les nuages ! Quelle déception quand il n'y a pas de fruits sur l'arbre !

Un nuage sans eau parle de quelque chose sans substance. Beaucoup de gens rebelles n'ont pas de profondeur. Ils ne connaissent pas Dieu, ni ne le craignent vraiment. Quiconque craint Dieu a peur de toucher les serviteurs de Dieu. Quiconque connaît vraiment Dieu aura peur de détruire Son église.

L'église est l'épouse du Christ et seules les personnes spirituelles reconnaissent son importance. Seules les personnes qui aiment Dieu vénèrent son église et la traitent avec soin.

La preuve qu'un nuage n'a pas d'eau se révèle dans son incapacité à produire de la pluie. Vous remarquerez que beaucoup de ces « partants » coléreux et rebelles respirent la colère et les malédictions mais ne peuvent produire aucune pluie.

Ce sont des arbres sans fruits. Les années passent et ils disparaissent dans l'obscurité, ne portant que peu ou pas de fruits. *Des années et des années de ministère avec un petit résultat c'est la plus grande preuve que ces gens sont des « nuées sans eau » et « des arbres sans fruits ».*

Regardez les gens qui quittent les églises dans la rébellion. Observez attentivement leur avenir et vous découvrirez que vous aviez affaires à des nuages qui n'avaient pas d'eau !

5. LES HOMMES QUI SONT POUSSÉS PAR LES VENTS PARTIRONT.

Ce sont des écueils dans vos agapes, faisant impudemment bonne chère, se repaissant d'eux-mêmes. Ce sont des nuées sans eau, POUSSÉES PAR LES VENTS ; des arbres d'automne sans fruits, deux fois morts, déracinés ; des vagues furieuses de la mer, rejetant l'écume de leurs impuretés ; des astres errants, auxquels l'obscurité des ténèbres est réservée pour l'éternité.

Jude 12-13

Les hommes qui sont poussés par les vents ne sont pas de vrais leaders. Ils suivent les tendances et obtiennent leur force des masses. Un vrai leader ne reçoit pas sa force des masses ! Il sait ce qui est juste et n'est pas entraîné par ce que les gens disent. Un rebelle dépend de l'appui qu'il reçoit de personnes immatures et ignorantes.

Une fois, j'ai eu un assistant qui aimait à être dans les bonnes grâces des gens. J'ai rapidement pris conscience qu'il voulait vraiment plaire à tout le monde. Il aimait l'opinion populaire et lorsque l'opinion populaire s'est retournée contre moi, il a suivi l'opinion populaire.

À cette époque, la plupart des membres de ma petite église ne sentaient pas que j'étais appelé au ministère. Ils ne pouvaient pas voir beaucoup d'avenir dans ce que je faisais. L'église comptait également beaucoup de jeunes gens immatures.

Le vent de l'opinion populaire m'était contraire et mon assistant a été emporté par le même vent. Cette attitude a conduit à sa perte et bientôt il ne fut plus membre du ministère. Méfiez-vous des gens qui sont emportés par les vents quotidiens !

6. LES HOMMES DÉRACINÉS ET LES ASTRES ERRANTS PARTIRONT.

Ce sont des écueils dans vos agapes, faisant impudemment bonne chère, se repaissant eux-mêmes. Ce sont des nuées sans eau, poussées par les vents ; des arbres d'automne sans fruits, deux fois morts, DÉRACINÉS ; des vagues furieuses de la mer, rejetant l'écume de leurs impuretés ; DES ASTRES ERRANTS, auxquels l'obscurité des ténèbres est réservée pour l'éternité.

Jude 12-13

Une autre caractéristique importante des personnes rebelles, c'est qu'elles sont « déracinées ». Chaque arbre est planté quelque part. Il est dangereux d'être déraciné de l'endroit où vous avez été planté. Lorsque vous rencontrez des ministres qui ne peuvent pas vous dire où ils ont été formés, vous avez affaire à des hommes qui ont été déracinés. Ces hommes sont devenus ces étoiles errantes, car ils sont arrachés à leur vraie patrie.

Pourquoi voulez-vous vous dissocier de la main qui vous a élevé ? Pourquoi ne pouvez-vous dire en toute confiance aux gens qui est votre père spirituel ? Pourquoi ne pas dire aux autres en toute confiance où est votre foyer spirituel ? C'est parce que vous êtes déraciné et n'êtes vraiment plus que de nulle part.

Le géant spirituel et le fils spirituel

Il était une fois un homme de Dieu qui vivait en Asie était très populaire et acclamé dans le ministère. Cet homme de Dieu avait été élevé par un géant spirituel. Ce géant spirituel l'avait conduit à Christ, l'avait ordonné dans le ministère et même aidé à construire son église. Le géant spirituel avait aidé le fils spirituel à traverser un divorce récent. Ces actes seuls faisaient de cet homme de Dieu, un fils du géant spirituel. Le géant spirituel était allé encore plus loin et avait promu son fils spirituel, faisant de lui l'un des ministres les plus populaires de son temps dans son pays.

Malheureusement, ces bonnes relations entre le géant spirituel et le fils spirituel ne durèrent pas longtemps. Pour diverses raisons, leur relation s'est détériorée jusqu'à ce qu'elle soit pratiquement inexistante.

Un jour, le fils spirituel assista à la conférence d'un autre grand ministre international et continua d'assister à ces conférences chaque année. Après un certain temps, le fils spirituel décida de prendre un nouveau ministre international comme père. Il semblait que Dieu lui ait donné une nouvelle relation et l'ait béni. Il était le fils spirituel nouveau-né de ce ministre international.

Cependant, alors même que ce fils spirituel célébrait sa nouvelle relation, il venait, en réalité, juste d'être déraciné. Être déraciné signifie être déconnecté du lieu où vous aviez été planté à l'origine. Etre déraciné n'est pas une bonne chose ! C'est un mauvais signe et c'est une description biblique de personnes qui partent.

De nombreux ministres sont déconnectés de ceux qui les ont élevés jusque là. Ces fils séparés donnent de nombreuses raisons pour leur séparation, telles que : les péchés, l'injustice et la chute de leurs chefs spirituels. Mais aucune de ces raisons n'est suffisante pour vous transformer en un arbre déraciné !

Lorsque vous êtes déraciné, vous devenez une étoile errante qui va d'un endroit à l'autre dans l'espoir d'être reconnue. Il est temps de rentrer à la maison et d'être plantés là où est votre place.

7. LES ROUSPÉTEURS ET LES HOMMES QUI SE PLAIGNENT PARTIRONT.

Ce sont des gens QUI MURMURENT, QUI SE PLAIGNENT de leur sort, qui marchent selon leurs convoitises, qui ont à la bouche des paroles hautaines, qui admirent les personnes par motif d'intérêt.

Jude 16

Les personnes chroniquement mécontentes se plaignent et trouvent à redire sur tout. C'est le signe le plus sûr que vous avez affaire à un rebelle. Une fois, j'ai envoyé plusieurs missionnaires dans différents pays. Certains d'entre eux ont réussi et d'autres sont rentrés chez eux sans avoir terminé leur mission.

Un jour, en pensant aux différentes missions et missionnaires qui avaient dû retourner à la maison, j'ai réalisé qu'un fil conducteur traversait leurs expériences. Ceux qui sont rentrés ont tous été ramenés « à la maison » par leurs épouses. À cause de *l'attitude* mauvaise et *inutile* de leurs épouses, ils avaient été contraints de renoncer à leurs missions et de retourner à la maison.

La plupart des missionnaires ne voulaient pas rentrer à la maison, mais n'eurent pas le choix. Au fond, ces femmes de missionnaires se sont rebellées contre le ministère. Elles ont manifesté leur révolte par *la grogne* à la maison. Elles ont trouvé à redire à leur mari, en ce qui concernait les missions et les pays où ils avaient été envoyés. Bien sûr, les femmes ont nié avoir fait quelque chose de répréhensible. Toutefois, nous savions que ces femmes étaient des femmes grognonnes et mécontentes.

Le fruit de leurs chicaneries cachées était clair. Chacun de leurs maris fut forcé de quitter son appel et de rentrer à la maison. La grogne est toujours un mauvais signe et amène les gens à quitter la position que Dieu leur a donnée.

8. LES HOMMES QUI PARLENT AVEC ARROGANCE PARTIRONT.

Ce sont des gens qui murmurent, qui se plaignent de leur sort, qui marchent selon leurs convoitises, qui ont à la bouche DES PAROLES HAUTAINES, qui admirent les personnes par motif d'intérêt.

Jude 16

Les hommes qui parlent avec arrogance vous laisseront tel que Jude l'a prophétisé. Méfiez-vous des gens qui n'ont aucun respect pour ceux à qui ils parlent.

Vous n'avez pas toujours raison

Les gens qui parlent avec fierté sont des gens dangereux. Un jour, j'ai eu une discussion avec un jeune ministre. La discussion a tourné en dispute alors que j'essayais d'expliquer mon point de vue.

Enfin quand il fut à court d'arguments et qu'il n'eut plus rien pour contrer ce que je disais, il me menaça en disant : « Vous n'avez pas toujours raison, vous savez ? »

J'ai été surpris.

Il m'a fait comprendre que même si je semblais gagner la dispute cela ne voulait pas dire que j'avais raison.

Bien que ce qu'il disait fût vrai, en substance, et bien que je n'aie pas toujours raison, la manière orgueilleuse avec laquelle il a réprimandé la personne qui l'avait nommé pasteur et l'avait ordonné dans le ministère était inacceptable.

Méfiez-vous des gens qui parlent avec arrogance aux hommes d'autorité ! Ils sont la réalisation des prophéties de Jude. Ce sont des hommes qui finiront par partir.

Je ne suis pas surpris que vous soyez venu

Un jour, j'ai rendu visite à un jeune pasteur qui avait démissionné du ministère. Je voulais me réconcilier avec lui et réparer notre relation. Mais j'ai été surpris de son accueil. Au lieu d'être content que je vienne me réconcilier et réparer les relations brisées, il se mit à me parler durement.

Il dit : « Je ne suis pas surpris que vous soyez venu . »

Il a poursuivi : « Je me demandais combien de temps cela allait vous prendre pour venir.

Je ne pouvais pas croire ce que j'entendais parce que je pensais qu'il serait, en fin de compte, content de me voir. Après tout, j'étais son pasteur et j'étais celui qui l'avait nommé en tant que pasteur.

Comme notre conversation s'est poursuivie Je lui ai dit : « Écoutez, ... je...»

Avant que je puisse continuer, il m'a arrêté dans mon élan et m'a dit : « Ne dites pas *écoutez*. Ne venez pas ici à vos propres conditions. »

Il a poursuivi : « Ne dites pas « nous », c'est vous « Dag. » (Il avait l'habitude de m'appeler «pasteur» mais quand les gens sont en colère et révoltés ils n'utilisent plus vos titres. Ils vous appellent par votre prénom pour vous rabaisser à leur niveau).

Parfois, les gens rebelles vous haïssent tant qu'ils ne peuvent pas mentionner votre nom en parlant de vous aux autres. Chaque fois ils se réfèrent à vous comme « le gars », « votre frère », « cet homme », « l'homme » ou « votre homme », selon ce qui est approprié pour eux).

J'ai continué à essayer de parler à ce démissionnaire mais il était tellement en colère. Puis il m'assena un choc. Il dit : « j'ai survécu sans vous ! Je n'ai pas plus besoin de vous. » Nous avons tous besoin les uns des autres. Mais il ne voulait plus me parler plus. Il se leva et me fit sortir de sa maison.

Les hommes qui parlent avec arrogance vous laisseront tel que Jude l'a prophétisé.

Méfiez-vous des gens qui n'ont aucun respect pour la personne à qui ils parlent ! Méfiez-vous des gens qui peuvent dire n'importe quoi à n'importe qui !

9. LES FLATTEURS PARTIRONT.

Ce sont des gens qui murmurent, qui se plaignent de leur sort, qui marchent selon leurs convoitises, qui ont à la bouche des paroles hautaines, QUI ADMIRENT LES PERSONNES PAR MOTIF D'INTÉRÊT

Jude 16

Vous ne pouvez pas faire confiance aux gens qui vous flattent. Seul le simple d'esprit est impressionné par les flatteries des hommes méchants. Tout au long de la Bible on nous avertit de faire attention aux flatteurs. « Car il n'y a point de sincérité dans leur bouche ; leur cœur est rempli de malice, Leur gosier est un sépulcre ouvert, Et ils ont sur la langue des paroles flatteuses » (Psaumes 5 : 9).

Soyez sur vos gardes à chaque fois que vous rencontrez quelqu'un qui vous flatte trop et flatte votre ministère. Personne ne sait ce qui est vraiment agréable à Dieu. Personne ne sait ce qui rend Dieu vraiment heureux. Le ciel nous le révélera à tous. Chaque personne que j'ai rencontrée et qui se perd en effusions de louanges a finalement quitté le ministère. La flatterie est un signe de déloyauté. C'est un signe de quelqu'un qui finira par vous quitter. Ses louanges sont un masque pour ses véritables intentions.

Une fois, j'ai rencontré un journaliste qui m'a dit que je devrais être le président du Ghana. Il m'a félicité pour ma réussite en me disant qu'elle était la plus grande preuve que je pourrais être le président du Ghana. Je lui ai demandé pourquoi il n'avait pas laissé entendre à son propre pasteur qu'il pouvait être le président puisque son pasteur avait mieux réussi que moi. Il a rapidement rejeté mes remarques en disant que son propre pasteur était vieux jeu et n'était plus dans le coup. J'ai immédiatement reconnu les caractéristiques d'un flatteur dangereux.

N'était-ce pas la voix de Satan qui essayait de me sortir de mon ministère pour me faire entrer dans la folie ? Vous devez en effet faire attention aux gens qui flattent. Il est agréable quand les gens nous louent, mais rappelez-vous qu'un flatteur est une personne dangereuse !

On invite ses amis au partage du butin, Et l'on a des enfants dont les yeux se consument.

Job 17 : 5

10. LES PERSONNES QUI PROVOQUENT DES DIVISIONS PARTIRONT.

Ce sont CEUX QUI PROVOQUENT DES DIVISIONS, hommes sensuels, n'ayant pas l'esprit.

Jude 19

Il y a des gens qui aiment diviser par nature. Ces personnes voient les choses à travers ce que j'appelle des yeux « politiques ». Ils voient tout le monde à travers l'œil de la nationalité, de la tribu ou de la couleur. Ces gens-là analysent ce que vous faites et font des commentaires selon leurs propres perceptions politiques et divisées.

Si vous parlez à un Nigérian, ils disent : « Ei, je vois que vous aimez beaucoup les Nigérians » Si vous faites une observation sincère sur les Américains ils disent : « Ei, je vois que vous n'aimez pas les Américains. »

Si vous êtes favorable à une dame au teint clair, ils disent : « Ei, je vois que vous aimez les belles dames au teint clair. »

Si le patron demande à Joe de faire un travail ils disent en privé à d'autres employés, « Ei, le patron aime vraiment Joe. »

Si leur père achète un cadeau pour sa fille, Adriana, ils disent : « Ei, Adriana est l'enfant préféré de papa. »

Toutefois si des cadeaux avaient été achetés pour eux, ils n'auraient pas tiré ces mêmes conclusions.

Ces gens sont la division et voient tout comme un produit du favoritisme ou d'un jeu de puissance injuste. Ils regardent les gens comme appartenant à tel ou tel groupe. Ces personnes sauront rapidement identifier combien de membres d'une tribu ou d'un pays sont réunis dans une pièce. Ces gens-là devinent rapidement quelle est la tribu d'une personne ou sa nationalité quand ceux qui sont moins politiques ou enclins à la division ne le devinent pas.

Méfiez-vous des gens qui ont un œil de discorde !

11. LES GENS MONDAINS SANS ESPRIT PARTIRONT.

Ce sont ceux qui provoquent des divisions, HOMMES SENSUELS, n'ayant pas l'esprit.

Jude 19

C'est une pratique très mondaine que de catégoriser les gens en fonction de leur tribu ou leur nationalité. Les personnes sans le Saint-Esprit agissent comme des hommes mondains. Une âme est une âme et elle est précieuse pour Dieu. Quand Dieu touche votre cœur, vous aimez tous les hommes. Vous ne les verrez pas en tant que Ghanéens, Nigérians, Zimbabwéen ou Américain.

Les gens mondain ont toujours utilisé les divisions de l'homme pour commencer des guerres et créer des conflits.

Fierté nationale, la raison de s'en éloigner

Une fois, j'ai eu un pasteur d'Afrique de l'Ouest qui voulait se détacher et partir. Étant un homme mondain sans l'Esprit, il se mit à parler à la congrégation de ma nationalité. Il dit aux autres Africains de l'Ouest dans l'église que j'étais Ghanéen et que Lighthouse Chapel International était une église du Ghana. Il a exhorté les gens de son pays à s'engager et à « faire quelque chose pour eux-mêmes ».

Il était dans son intérêt d'amener les gens à penser d'une certaine façon afin de leur donner une bonne raison de le suivre.

Il a dit aux autres Africains de l'Ouest que je ne m'intéressais qu'à la construction des églises au Ghana.

Pourtant, notre mission dans son pays était l'une des plus grandes et des plus chères que nous n'ayons jamais entreprise. Nous avions dépensé tant d'argent, de temps et d'efforts à essayer de propager le ministère de l'Évangile de Jésus-Christ.

Mais le ministre mondain semeur de discorde et dépourvu de l'Esprit va chercher des choses pour nous diviser. Ils récolteront sûrement les fruits de leurs œuvres.

12. LES MOQUEURS PARTIRONT.

Mais vous, bien-aimés, souvenez-vous des choses annoncées d'avance par les apôtres de notre Seigneur Jésus Christ. Ils vous disaient qu'au dernier temps il y aurait des MOQUEURS, marchant selon leurs convoitises impies ;

Jude 17-18

Méfiez-vous des gens qui se moquent de vous. La plupart des ministères commencent petit. Les petites choses sont souvent méprisées. Les jeunes ministères en développement sont souvent méprisés. Les insuffisances constatées dans les ministères bien installés peuvent également être l'objet de moqueries. Au lieu de nous moquer, nous devrions avoir un œil sympathique pour les difficultés que les gens traversent. Les moqueurs sont des gens dangereux et ils sont souvent déloyaux.

Un jour, j'étais dans une réunion avec un groupe de pasteurs. Ils ont parlé de certaines nouvelles de dernière heure au sujet d'un homme de Dieu âgé. Les dernières nouvelles, étaient que la femme de cet homme de Dieu avait décidé de divorcer. Tout le monde donnait son avis sur la situation. Certains ont estimé que l'homme de Dieu était un homme mauvais et méritait d'avoir cette mauvaise expérience. D'autres faisaient preuve de plus de sympathie.

Au milieu de cette discussion, l'un des ministres qui prétendait être un fils de l'homme de Dieu se leva pour se servir de la nourriture. Il fit une remarque désobligeante à propos de ce malheureux homme de Dieu ce qui provoqua le rire des autres pasteurs dans la salle.

Je me sentais mal à l'aise et triste à propos de l'atmosphère dans la salle. Je me demandais comment un fils pouvait se moquer de son père. Assurément, cet homme ne pouvait pas être une personne loyale.

Pensez-vous qu'un fils loyal se moque de son père dans un jour de difficulté ? C'est pourquoi la Bible nous enseigne qu'il ne faut pas marcher avec des moqueurs. Heureux l'homme qui ne marche pas selon le conseil des méchants, Qui ne s'arrête pas sur la voie des pécheurs, Et qui ne s'assied pas en compagnie des moqueurs. (Psaume 1 : 1)

13. LES HOMMES QUI SUIVENT DES CONVOITISES IMPIES PARTIRONT.

Ils vous disaient qu'au dernier temps il y aurait des moqueurs, marchant selon leurs convoitises impies ; CE SONT CEUX QUI PROVOQUENT LES DIVISIONS, HOMMES SENSUELS N'AYANT PAS L'ESPRIT.

Jude 18-19

Les hommes qui suivent des convoitises impies suivent rarement l'Esprit de Dieu. La plupart du mal fait dans le monde est causé par des hommes qui suivent des convoitises impies. Les présidents qui suivent les convoitises impies de l'argent et du pouvoir font rarement quelque chose de bon pour leur pays.

De même, les pasteurs qui ne suivent pas le Seigneur, mais suivent plutôt leurs propres passions réussissent rarement dans le ministère. La soif de pouvoir et la soif de l'argent peuvent transformer des gens fidèles en démons. La plupart des gens rebelles sont assoiffés de pouvoir et d'argent.

Chapitre 10

Comment lutter contre les loups

Je sais qu'il s'introduira parmi vous, après mon départ, des loups cruels qui n'épargneront pas le troupeau.

Actes 20 : 29

Dix choses que vous devez faire pour stabiliser votre ministère

Certaines personnes peuvent être décrites au mieux comme des loups. Les personnes qui brisent les églises et volent les brebis sont des loups. L'effet qu'ils ont sur l'église est le même que celui d'un loup sur le troupeau de moutons. En effet, il y a toujours une confusion après qu'un loup ait attaqué le troupeau.

Quand les gens vous quittent, ils laissent derrière eux un très mauvais goût qui est difficile à surmonter. Honnêtement, le sentiment est similaire à la sensation qui vient quand quelqu'un qui vous est proche meurt.

L'église n'est pas épargnée par les mauvais sentiments et la mauvaise ambiance qui va avec les gens qui partent. En effet, la plupart des « partants » s'en vont et « polluent le seuil », c'est leur dernier acte dans l'église. Qu'est-ce que je veux dire par « polluer le seuil » ? Je veux dire que ces gens venimeux disent du mal de l'église, de son leadership et de ses pasteurs. Ils propagent des histoires toxiques et des insinuations à propos de tout ce dont ils ont fait partie pendant de nombreuses années. Ils sèment les graines du méconten-tement dans le cœur des gens qu'ils laissent derrière eux. Ils veulent que tous ceux qui restent se sentent comme des idiots parce qu'ils restent. Ils veulent que ceux qui restent voient la nécessité de partir aussi.

Il est important que vous vous souleviez pour combattre ce sentiment dans l'église. Si vous ne le faites pas, l'effet domino et l'effet polluant du mauvais esprit des « partants » va dévaster votre ministère. Dans ce chapitre, je voudrais suggérer quelques mesures que vous devez prendre pour faire face au fléau des « briseurs de l'église ».

Dieu nous a appelés à construire son église et nous devons apprendre à lutter contre les loups. Les personnes qui brisent les églises et volent les moutons sont des loups. Un bon pasteur doit avoir des armes pour lutter contre les loups et des remèdes pour les empoisonner.

Qu'elles deviennent muettes, les lèvres menteuses, Qui parlent avec audace contre le juste, Avec arrogance et dédain !

Psaume 31 : 18

1. IDENTIFIEZ LES SYMPATHISANTS DU « PARTANT » ET RENVOYEZ-LES.

Il y a toujours des gens qui ont de la sympathie pour le « partant ». Même s'ils ne partent pas avec lui, ils sympathisent à sa cause et pense qu'il a raison de faire ce qu'il fait. Ces personnes seront toujours une source d'instabilité.

Vous devez accepter qu'il y ait des gens qui ne pourront jamais croire en vous.

Aucune parole ou réunion avec eux ne changera quoi que ce soit. Il peut être difficile de renvoyer des personnes, mais il est souvent sage de renvoyer les personnes qui ne peuvent être amenées à croire en vous.

Abraham a envoyé Ismaël et tous les frères d'Isaac loin d'Isaac. Il savait qu'ils ne soutiendraient jamais Isaac. Il savait qu'Ismaël, qui avait treize ans de plus qu'Isaac, ne se soumettrait jamais à la direction d'Isaac.

Abraham donna tous ses biens à Isaac. Il fit des dons aux fils de ses concubines ; et, tandis qu'il vivait encore, il les envoya loin de son fils Isaac du côté de l'orient, dans le pays d'Orient.

Genèse 25 : 5-6

129

Souvent la séparation est la seule façon d'inculquer la stabilité et l'harmonie après que quelqu'un ait pollué l'église de son venin. Quand un serpent mord, il libère le venin qui empoisonne tout le corps. Même si le point de contact est à la jambe, le venin se propage et touche les autres parties du corps. C'est ce qui se passe quand une personne perfide a fait son œuvre dans votre congrégation. Bien qu'il n'ait œuvré que sur certaines personnes, *beaucoup d'autres* sont indirectement touchées.

Abraham savait aussi qu'il n'aurait jamais la paix jusqu'à ce Lot le quitte. Il y a certaines personnes qui doivent partir pour que la paix revienne. *La confusion ne disparaîtra pas tant que certaines personnes n'auront pas quitté votre congrégation.*

La prière ne fera pas revenir la stabilité et la paix !

Abraham était sage et il savait que la seule chose à faire pour que la paix revienne était de se séparer de Lot.

Abram dit à Lot : Qu'il n'y ait point, je te prie, de dispute entre moi et toi, ni entre mes bergers et tes bergers; car nous sommes frères. Tout le pays n'est-il pas devant toi ? SÉPARE-TOI DONC DE MOI : si tu vas à gauche, j'irai à droite ; si tu vas à droite, j'irai à gauche.

Genèse 13 : 8-9

2. BÂTISSEZ SUR DE BONNES FONDATIONS AU FIL DU TEMPS.

[…] et de s'amasser ainsi pour l'avenir un trésor PLACÉ SUR UN FONDEMENT SOLIDE, afin de saisir la vie véritable.

1 Timothée 6 : 19

Le passage du temps guérit généralement le mal et les blessures. Vous devez laisser le temps passer pour que vous puissiez récupérer complètement de l'expérience d'une personne qui quitte votre ministère. Vous devez sortir de la confusion et la division.

Vous devez établir une bonne fondation pour l'avenir de votre ministère. Si vous n'utilisez pas le temps de paix correctement, les problèmes se reproduiront.

À la lumière de vos expériences avec les « partants », vous devez construire une bonne base pour la stabilité future de votre congrégation.

Cette bonne base se fera grâce au nettoyage, à l'enseignement, la préparation de la congrégation et l'amélioration de vous-même pour devenir plus sage et plus prudent.

3. LAVEZ LA CONGRÉGATION PAR L'ENSEIGNEMENT.

Sanctifie-les par ta vérité : ta parole est vérité.

Jean 17 : 17

Vous devez laver les gens qui vous restent par la parole de Dieu. Vous aurez besoin de purifier leur esprit de la pollution causée par les gens qui partent. Les gens qui partent sèment la confusion et l'incertitude. Mais la parole de Dieu a le pouvoir de purifier leurs esprits.

Déjà vous êtes PURS, À CAUSE DE LA PAROLE que je vous ai annoncée.

Jean 15 : 3

4. LUTTEZ CONTRE LA CONFUSION AVEC LA PAROLE DE DIEU.

Car là où il y a un zèle amer et un esprit de dispute, il y a du désordre et toutes sortes de mauvaises actions.

Jacques 3 : 16

L'une des caractéristiques d'une attaque de loup est la confusion. La confusion est une situation de panique dans laquelle il y a une rupture de l'ordre. La confusion est un état dans lequel on est désorienté ou peu clair dans l'esprit au sujet de quelque chose.

La confusion est provoquée par
des accusations persistantes

Un jour, un proche qui était mon associé décida de rompre et de commencer sa propre église. Ce fut une surprise pour nous parce que personne n'avait rien fait de semblable avant. Après son départ, la confusion s'installa dans mon camp.

Même si j'avais des problèmes avec lui, je n'avais, auparavant, jamais dit publiquement quelque chose de négatif à son sujet. Personne ne savait qu'il y avait des questions et des problèmes avec cette personne. Il était en train de dire beaucoup de choses négatives occasionnant le questionne-ment et l'agitation dans l'esprit des gens.

J'ai soudain réalisé que j'étais entouré de gens qui ne savaient pas si j'étais une bonne personne ou une mauvaise personne. Étais-je un méchant homme se présentant comme un pasteur ? Les accusations ignobles et les rumeurs sur moi étaient elles vraies ? Je pouvais lire dans les yeux des gens autour de moi. Je savais qu'ils n'étaient plus sûrs de rien.

Il a fallu plus d'un an avant que la confusion de cette attaque ne se dissipe.

En effet, Dieu n'est pas l'auteur de la confusion et j'ai dû lutter pour trouver un chemin hors de l'atmosphère confuse et perplexe causée par ce pasteur « partant ».

Remarquez comment Jean Marc a introduit la confusion entre l'apôtre Paul et Barnabé. Paul et Silas étaient de bons amis jusqu'à ce que Jean Marc ne quitte Paul en plein milieu du ministère. La parfaite unité et harmonie entre Paul et Barnabé fut brisé par les actions de Jean Marc. « Après quelques jours, Paul dit à Barnabé : « Retournons visiter les frères dans toutes les villes où nous avons annoncé la parole du Seigneur pour voir en quel état ils sont. » Barnabé voulait prendre Jean, surnommé Marc, avec eux aussi. Mais Paul insista qu'ils ne devraient pas l'emmener, qu'il les avait abandonnés en Pamphylie et n'était pas allé avec eux au labeur. Et il y eut un désaccord si profond qu'ils se séparèrent, et Barnabé, prenant Marc avec lui s'embarqua pour Chypre » (Actes 15 : 36- 39). Beaucoup de gens qui « partent » émettent un esprit de confusion. Je peux vous dire que Dieu n'est pas l'auteur de cette confusion. Dieu n'est pas celui qui apporte la confusion dans votre église ! C'est le diable qui apporte la confusion dans votre ministère par l'entremise des gens perfides.

Vous pouvez aider les gens à surmonter leur désarroi en lavant l'incertitude avec la parole de Dieu. Paul a enseigné aux Corinthiens la vérité et les a aidés à surmonter leur confusion. « [... car] Dieu n'est pas un Dieu de désordre, mais de paix. Comme dans toutes les Églises des saints, » (1 Corinthiens 14 : 33).

Au fur et à mesure que vous enseignez au peuple la parole de Dieu, la confusion s'évaporerera. Vous devez savoir comment enseigner sur la loyauté et de déloyauté si vous voulez dissiper la confusion dans votre église.

5.   NETTOYEZ VOUS DES GRAINES DU MAL.

Que vous le vouliez ou non, quand une personne part cela a un effet sur votre esprit. Les « partants » polluent votre esprit avec les graines de la souffrance, la colère, la haine, la méchanceté et la vengeance. Vous aurez besoin de prier longuement et ardemment pour vous libérer de ces graines spirituelles dangereuses. Si vous ne vous purifiez pas, vous tombez dans le piège de l'amertume et de la rancune.

> **Garantis-moi du piège qu'ils me tendent, ET DES EMBÛCHES DE CEUX QUI FONT LE MAL ! Que les méchants tombent dans leurs filets, Et que j'échappe en même temps !**
> **Psaumes 141 : 9-10**

6.   AMÉLIOREZ VOS STRATÉGIES DE LEADERSHIP.

Souvent, votre style de leadership contribue au fait que les gens vous quittent. Parfois, cependant, en dépit des stratégies de leadership les plus parfaites, les gens continuent à attiser les conflits contre vous. Il n'y a rien que vous puissiez y faire.

Le roi David a dit qu'il y avait des éléments qui attisaient la haine, les conflits et la guerre contre lui, alors qu'il ne voulait qu'habiter en toute tranquillité sur ses terres. De même il y a des gens qui attisent la division et de conflit, même si tout ce que vous désirez est de servir le Seigneur en toute quiétude.

Que ceux qui sont à tort mes ennemis ne se réjouissent pas à mon sujet, Que ceux qui me haïssent sans cause ne m'insultent pas du regard ! Car ils tiennent un langage qui n'est point celui de la paix, ILS MÉDITENT LA TROMPERIE CONTRE LES GENS TRANQUILLES DU PAYS.

Psaumes 35 : 19-20

Il est important que vous travailliez sur vous-même pour vous assurer que vos méthodes de leadership ne provoquent pas l'instabilité dans votre église. Vous devez vous analyser vous-même, faire une recherche sur vous-même et chercher la sagesse de peur d'apporter la division et de diviser l'église à cause de votre propre bêtise.

Lorsque vous vous serez remis en place grâce au bon conseil de la parole de Dieu, vous serez prêt pour la prochaine phase de votre ministère.

« Les projets s'affermissent par le conseil ; Fais LA GUERRE AVEC PRUDENCE. » (Proverbes 20 : 18)

7. PARDONNEZ À CEUX QUI SONT DÉLOYAUX.

Et, lorsque vous êtes debout faisant votre prière, si vous avez quelque chose contre quelqu'un, pardonnez, afin que votre Père qui est dans les cieux vous pardonne aussi vos offenses.

Marc 11 : 25

En tant que ministre vous avez désespérément besoin que vos prières soient exaucées. Vous ne pouvez pas vous priver de la semence du pardon qui empêcherait vos prières d'être exaucées. Il n'y a qu'une chose que Dieu ne vous pardonnera pas c'est que vous ne pardonniez pas aux autres.

Un ministre de l'Évangile a besoin sérieusement, en toute urgence et désespérément que ses prières soient exaucées. Il ne peut pas se permettre de conserver des semences négatives au sein de son cœur.

C'est pourquoi je vous dis : Tout ce que vous demanderez en priant, croyez que vous l'avez reçu, et vous le verrez s'accomplir. Et, lorsque vous êtes debout faisant votre prière, si vous avez quelque chose contre quelqu'un, pardonnez, afin que votre Père qui est dans les cieux vous pardonne aussi vos offenses.

Marc 11 : 24-25

8. NE LAISSEZ PAS LE RESTE DE VOTRE MINISTÈRE ÊTRE TEINTÉ DE MÉFIANCE.

Les gens qui partent peuvent vous conduire à vous méfier de ceux qui restent avec vous. Les gens qui partent causent un grand dommage parce qu'ils détruisent le travail de votre vie. Parfois, ils vous privent de votre stabilité, de votre gagne-pain et même de votre santé. Il n'est pas facile d'être affectueux et confiant après de mauvaises expériences. Après des expériences avec des départs, il se peut que vous ne fassiez plus confiance aux gens. Mais c'est encore une autre ruse de Satan - pour vous rendre soupçonneux et méfiant.

Le manque de confiance nuit à ceux qui restent avec vous. Le manque de confiance révèle une constante amertume en vous.

La pollution causée par ces personnes doit prendre fin !

Vous ne pouvez pas permettre à l'amertume causée par ces expériences d'orienter votre futur ministère et d'empêcher vos prières d'être exaucées.

Veillez à ce que nul ne se prive de la grâce de Dieu ; à ce qu'aucune racine d'amertume, poussant des rejetons, ne produise du trouble, et que plusieurs n'en soient infectés ;

Hébreux 12 : 15

Quand l'amertume et la méfiance remplissent le cœur d'un ministre, cela décolore son ministère. Les décisions sont prises à partir de ses mauvaises expériences. Lorsque vous rencontrez un ministre qui est amer, vous sentez une certaine faiblesse en lui, ainsi qu'une certaine distance par rapport à sa véritable vocation.

Le pasteur principal méfiant

Il y a quelques années, j'ai rencontré un pasteur que Dieu avait appelé pour commencer des filiales d'églises. Il était très enthousiaste parce qu'il avait un nouveau bâtiment où emménager. Son plan était de démarrer une deuxième église dans une nouvelle propriété qu'il avait acquise. Il alla de l'avant avec ses plans et laissa la majorité de la vieille congrégation avec son pasteur adjoint, pour s'installer dans la nouvelle propriété. Il était tellement enthousiaste parce qu'il voyait cela comme un moyen d'étendre son œuvre et son ministère. Mais cela n'allait pas se produire.

Après quelques années l'associé de son ancienne église gagna le cœur des gens et les amena à rompre avec leur chef.

Ce pasteur en fut abasourdi et complètement brisé.

Il m'a dit : « J'ai laissé toutes les familles établies et les membres les plus anciens de église avec cet associé. Si j'avais su qu'il allait rompre je les aurais tous pris avec moi. »

Il a conclu : « Je ne commencerai pas d'autre église. Tout ce que je veux, c'est avoir une église en un seul endroit ».

Je me suis senti triste quand j'ai réalisé que ce pasteur avait décidé d'abandonner l'idée d'agrandir son l'église à cause de la mauvaise expérience qu'il avait eue.

Dans certaines églises, le pasteur principal ne fait pas confiance aux autres et donc ne nomme pas quelqu'un en tant qu'assistant. La seule autre personne ayant le droit de prêcher est la femme du pasteur. Évidemment, cela limite le ministère et ne permet pas aux autres ministres de se développer.

Je me souviens d'un autre pasteur qui était farouchement opposé à l'idée d'avoir des cellules. Il estimait qu'elles finiraient par se détacher et former des églises schismatiques. Son église était un grand océan de personnes n'ayant pas de sous-groupes. Vous pouvez imaginer la pression pour le pasteur et sa femme !

Les personnes qui ont rencontré la déloyauté dans leur ministère d'origine, le répercute souvent. On peut difficilement les blâmer de réagir défensivement à d'éventuelles attaques répétées de « loups déguisés en pasteurs. » Quel que soit votre ministère assurez-vous qu'il n'est pas influencé par l'amertume.

9. NE MAUDISSEZ PAS PAR HASARD.

Il aimait la malédiction : qu'elle tombe sur lui ! Il ne se plaisait pas à la bénédiction : qu'elle s'éloigne de lui ! Qu'il revête la malédiction comme son vêtement, Qu'elle pénètre comme de l'eau dans son intérieur, Comme de l'huile dans ses os ! Qu'elle lui serve de vêtement pour se couvrir, De ceinture dont il soit toujours ceint ! Tel soit, de la part de l'Éternel, le salaire de mes ennemis, Et de ceux qui parlent méchamment de moi !

Psaumes 109 : 17-20

Vous devez être vous défendre d'émettre des malédictions au hasard envers les gens qui vous ont blessé. Vous devez réaliser que vous aussi parfois vous blessez les autres sans savoir ce que vous faites. Aucun de nous ne voudrait être maudit pour les erreurs que nous avons faites. Paul dit : « Bénissez ceux qui vous persécutent, bénissez et ne maudissez pas. » (Romains 12 : 14).

Certaines des personnes qui se retournent contre vous le font par manque de maturité. Dieu dans Sa miséricorde, leur donnera une occasion de grandir et mûrir. Chaque enfant est rebelle à un moment donné, mais il est du devoir du père de tenir compte de cette rébellion jusqu'à ce que l'enfant retrouve son bon sens. « Étant rentré en lui-même, il se dit : Combien de mercenaires chez mon père ont du pain en abondance, et moi, ici, je meurs de faim ! » (Luc 15 : 17).

10. UTILISEZ LES INVOCATIONS POUR PROTÉGER VOTRE CONGRÉGATION.

Il y a des moments où l'Esprit Saint vous ordonne de prononcer une malédiction.

La première malédiction

Il y a plusieurs années, je prêchais sur un sujet que j'ai appelé « Les églises nouvelle vague ». À la fin du sermon, je me suis mis à parler prophétiquement. J'ai commencé à émettre des malédictions sur ceux qui détruisent les églises. Les malédictions visaient ceux qui voudraient détruire les églises qui étaient installées.

Je n'étais pas conscient du fait que je proclamais des malédictions, mais a postériori repensant à ce que j'avais dit, j'ai réalisé que le Saint-Esprit m'avait amené à émettre des malédictions contre les loups, ceux qui dispersent les moutons, les voleurs de moutons, les diviseurs de congrégations et les déstabilisateurs d'églises. Il s'agissait d'une forme de protection spirituelle pour les églises nouvelle vague que j'implantais.

Comme les années passaient, j'ai réalisé que ces déclarations ont été une constante protection, pour les églises que le Seigneur m'a aidé à établir.

La deuxième malédiction

Un jour, j'étais sur un vol en provenance d'Ukraine vers une autre ville en Europe. J'étais sur mon chemin pour visiter une de nos églises. Je ne savais pas trop quoi faire parce qu'il régnait beaucoup de confusion dans l'église que j'allais visiter.

Cette confusion avait été créée par des gens qui avaient quitté et empoisonné le reste de la congrégation.

Soudain, le Saint-Esprit me dit : « Quand vous arriverez là-bas, jetez une malédiction pour la protection de l'église. »

J'ai été très surpris de cette instruction, mais le Seigneur m'a dit : « Lorsque vous menez une congrégation et n'avez pas le pouvoir de les protéger physiquement, vous devez placer des obstacles spirituels pour protéger vos brebis. Physiquement, il y a certaines choses que vous ne pouvez pas empêcher les loups de faire. Mais vous pouvez émettre une malédiction et créer un périmètre spirituel qui sera un obstacle pour les loups. »

Je veux vous donner deux exemples bibliques de cela.

La malédiction de Paul

L'apôtre Paul dans le traitement des Galates ne savait pas qui ou quoi avait ensorcelé le groupe avec lequel il travaillait. L'église qu'il avait construite d'un si dur labeur était détruite par de fausses doctrines et autres pollutions. Comme il se trouvait, impuissant, et incapable de faire autre chose que d'écrire une lettre, il a prononcé une malédiction contre toute personne qui apporterait une nouvelle fausse doctrine à la congrégation.

Mais, quand nous-mêmes, quand un ange du ciel annoncerait un autre Évangile que celui que nous vous avons prêché, qu'il soit anathème ! Nous l'avons dit précédemment, et je le répète à cette heure : si quelqu'un vous annonce un autre Évangile que celui que vous avez reçu, qu'il soit anathème !

Galates 1 : 8-9

La malédiction de John

À une autre occasion, John le Révélateur écrivit aux Eglises décrivant en détail l'apocalypse et il leur donna aussi des messages importants. En finissant d'écrire cette lettre marquante, il se rendit compte que les gens pouvaient changer ce qu'il avait écrit ou le modifier pour répondre à leurs fins. Incapable de contrôler l'avenir et incapable de contrôler les êtres humains et leurs motifs variés, il prononça une malédiction sur quiconque modifierait ses écrits.

Je le déclare à quiconque entend les paroles de la prophétie de ce livre : Si quelqu'un y ajoute quelque chose, Dieu le frappera des fléaux décrits dans ce livre ; et si quelqu'un retranche quelque chose des paroles du livre de cette prophétie, Dieu retranchera sa part de l'arbre de la Vie et de la Ville sainte, décrits dans ce livre.

Apocalypse 22 : 18-19

Vous voyez par ces deux exemples que les chefs spirituels doivent lancer des malédictions quand ils n'ont aucun autre moyen de protéger la congrégation. Que vous le vouliez ou non, bénédictions et malédictions sont émises par les saints hommes de Dieu.

11. SURMONTEZ VOTRE PEUR DES REBELLES.

Quand les gens partent, la peur de l'échec entre dans votre cœur. Tout le monde va-t-il finir par partir ? D'autres vont-ils partir ? Est-ce la fin ? Est-ce que mon ministère va s'écrouler ? Vous ne pouvez pas vous empêcher d'avoir ces pensées.

Le ministère du pasteur dépend de son habileté à rassembler les gens. Le départ des gens est l'exact opposé de ce qu'il cherche à atteindre. Le départ des gens est l'annulation de toute l'œuvre du pasteur. Le départ d'une ou deux personnes a parfois un effet de cascade et conduit beaucoup d'autres à partir aussi.

Beaucoup de pasteurs ont entendu des histoires d'horreur dans lesquelles une église de cinq mille membres fut réduite à une église deux cents membres. Beaucoup de pasteurs ont entendu parler de la façon dont d'importants rassemblements ont été divisés par deux par des assistants forts et charismatiques qui avaient acquis les bonnes grâces de la congrégation.

C'est ce que nous craignons. Nous craignons qu'un jour viendra où tout s'éfondrera et où nous nous retrouverons dans un grand hall sans personne. Mais il faut surmonter cette peur car la peur est un mauvais esprit. La peur est dangereuse car c'est qu'elle vous guide alors que le Saint-Esprit devrait vous guider.

Quand vous êtes rempli de peur, vous ne réagissez pas correctement à la pollution créée par les « partants ». Vous ne pourrez pas vous élever avec force et stabiliser votre congrégation comme il faut. Vous serez craintifs pour des choses que vous ne devriez pas craindre.

Les accusations ont un effet affaiblissant parce qu'il y a toujours quelque chose de vrai dans toute accusation. Mais il faut être fort et combattre l'esprit de la peur. Les justes sont hardis comme un lion. Vous devez être audacieux et fort lorsqu'il s'agit des rebelles.

Les rebelles ne vous laisseront rien si vous les autorisez. Vous devez les combattre sans crainte. Vous ne devez pas permettre à la confusion d'affaiblir votre main. Éliminez et combattez-les de toutes vos forces. « Fais briller les éclairs, et disperse mes ennemis ! Lance tes flèches, et mets-les en déroute ! Étends tes mains d'en haut ; Délivre-moi et sauve-moi des grandes eaux, De la main des fils de l'étranger, Dont la bouche profère la fausseté, Et dont la droite est une droite mensongère. O Dieu ! je te chanterai un cantique nouveau, Je te célébrerai sur le luth à dix cordes. Toi, qui donnes le salut aux rois, Qui sauvas du glaive meurtrier David, ton serviteur, Délivre-moi et sauve-moi de la main des fils de l'étranger, Dont la bouche profère la fausseté, Et dont la droite est une droite mensongère ! [...] » (Psaume 144 : 6-11).

Après cela saisissez votre microphone et prêcher avec force sur l'amour et le Christ. Ne pensez pas que vous êtes un méchant homme parce que vous avez dû faire face à de telles personnes. Vous devez faire en sorte « *Que* les *louanges* de Dieu *soient* dans leur bouche, Et le glaive à deux tranchants dans leur main. » (Psaumes 149 : 6). Vous devez apprendre à allier le combat et la dévotion.

Avez-vous jamais regardé des lions dans leur habitat naturel ?

Voyez-vous comme ils sont brutaux ?

Voyez-vous quels tueurs ils sont ?

Voyez-vous comme ils aiment le sang ?

Pourtant, voyez-vous l'amour qu'ils ont pour leurs petits ?

Voyez-vous comme ils jouent avec leurs petits et vivent ensemble comme une famille ?

Notre Seigneur est le lion de la tribu de Juda. Il va détruire ses ennemis, mais Il aime ses brebis. Venez et comme David soyez un combattant brutal et un berger aimant !

Ecoutez ses prières contre les ennemis de la justice :

« Que ceux qui sont à tort mes ennemis ne se réjouissent pas à mon sujet, Que ceux qui me haïssent sans cause ne m'insultent pas du regard ! Car ils tiennent un langage qui n'est point celui de la paix, Ils méditent la tromperie contre *les gens tranquilles* du pays. Ils ouvrent contre moi leur bouche, Ils disent : Ah ! Ah ! nos yeux regardent ! - ÉTERNEL, tu le vois ! ne reste pas en silence ! Seigneur, ne t'éloigne pas de moi ! Réveille-toi, réveille-toi pour me faire justice ! Mon Dieu et mon Seigneur, défends ma cause ! Juge-moi selon ta justice, ÉTERNEL, mon Dieu ! Et qu'ils ne se réjouissent pas à mon sujet ! Qu'ils ne disent pas dans leur cœur : Ah ! voilà ce que nous voulions ! Qu'ils ne disent pas : Nous l'avons englouti ! Que tous ensemble ils soient honteux et confus, Ceux qui se réjouissent de mon malheur ! Qu'ils revêtent l'ignominie et l'opprobre, Ceux qui s'élèvent contre moi ! » (Psaume 35 : 19-26).

12. ÉTABLISSEZ DES RELATIONS NOUVELLES POUR REMPLACER CELLES QUI ONT ÉTÉ BRISÉES.

L'une des choses tristes qui se passe quand les gens partent d'une mauvaise façon est la rupture des bonnes relations. Malheureusement il va y avoir des relations que vous ne pouvez pas maintenir si vous voulez suivre la volonté de Dieu.

Vous devez aller de l'avant et nouer de nouvelles relations avec de nouvelles personnes que Dieu emmène dans votre vie. Je peux vous assurer qu'il y a un remplaçant pour toute personne qui s'éloigne de vous.

Personne n'est indispensable et vous apprendrez cela même si vous ne croyez pas que cela soit vrai. Parfois, il y a plus de deux cents personnes qui attendent pour remplacer les personnes qui ne valorisent pas leur position et s'en éloignent. Dieu fait quelque chose de nouveau. Ouvrez votre cœur et acceptez ce nouveau jour plein de nouvelles relations. Acceptez le fait que Dieu puisse utiliser d'autres personnes dans votre vie.

Il y a quelques années j'ai eu un pasteur auquel j'étais habitué. C'était un pasteur de charme et un conducteur de service agréable. J'étais habitué à l'avoir comme mon bras droit. Un jour, à ma grande surprise, il a décidé de se retourner contre moi. Quand il est finalement parti, je me suis demandé par qui ou comment son poste serait comblé.

Mais Dieu m'a donné d'autres personnes pour faire son travail. Je n'aurais jamais connu ces autres personnes, si cet homme ne s'était pas éloigné. Parfois, le départ d'une personne annonce l'arrivée du choix de Dieu pour vous.

Ce ne fut que lorsque le cœur de Saül ne suivit plus le Seigneur que l'homme qui était dans le cœur de Dieu fut révélé. Nous n'aurions jamais connu David si Saül n'avait pas été infidèle à l'Éternel.

En tout rendez grâce. Dieu va susciter les David de votre ministère qui vivront et mourront pour vous dans la fidélité et la loyauté.

Chapitre 11

La réponse à laquelle ceux qui partent avec nos enfants doivent s'attendre

Un pasteur m'a dit un jour : « Vous avez mille églises. Pourquoi ne pas me permettre d'en prendre une ? »

Un autre pasteur m'a dit : « Vous avez de nombreux membres, pourquoi avez-vous une réaction excessive quand je viens en prendre quelques-uns avec moi ? »

Je trouve ces questions saugrenues, pour dire le moins.

À quelle genre de réponse vous attendez-vous si vous êtes venu me rendre visite dans ma maison et que vous dérobez un de mes enfants lorsque vous partez ?

Espérez-vous que je sois d'accord pour que vous preniez un de mes enfants parce que j'ai quatre enfants ? Auriez-vous l'audace de dire : « Vous avez quatre enfants, permettez-moi de prendre l'un d'eux ? »

J'ai peut-être quatre enfants, mais chacun d'eux m'est précieux. Je ne voudrais pas permettre à quelqu'un de me rendre visite et d'inciter ma petite fille à le suivre. Elle ne saurait évidemment pas ce qu'elle fait.

Évidemment cela paraît tout aussi absurde que lorsque les gens quittent votre ministère, avec certains de vos membres et disent: « Oh vous avez des milliers de membres, il suffit de nous permettre de repartir avec quelques-uns d'entre eux. »

Les gens qui tentent de quitter nos églises avec nos membres durement acquis doivent s'attendre à certaines réactions de notre part. Ce chapitre met en lumière les réponses bibliques qu'un pasteur doit donner à ceux qui quittent les églises en essayant de prendre ses membres avec eux.

1. Ceux qui partent et prennent nos enfants avec eux doivent s'attendre à LA RÉPONSE D'UNE OURSE PRIVÉE DE SES PETITS.

JE LES ATTAQUERAI COMME UNE OURSE À QUI L'ON A ENLEVÉ SES PETITS, Et je déchirerai l'enveloppe de leur cœur ; Je les dévorerai, comme une lionne ; Les bêtes des champs les mettront en pièces.

Osée 13 : 8

Pensez-vous que nous soyons heureux si vous enlevez nos enfants ? Vous attendez-vous à ce que nous l'acceptions tranquillement ? Certainement pas !

Vous devez vous attendre à ce que nous vous foncions dessus et vous déchirions la poitrine. Attendez-vous à la réponse que Dieu a promis, à travers le prophète Osée, de donner aux rebelles. C'est la réponse d'une ourse qui a été privée de ses petits !

Attendez-vous à ce que nous vous attaquions pour essayer d'obtenir nos bébés. Ne pensez pas que vous pouvez repartir avec nos enfants pour qui nous avons travaillé si dur. Nous vous attaquerons comme une ourse privée de ses petits. Ne penez pas que nous soyons insensés à cause de notre réponse féroce quand vous prenez les membres de notre église avec vous.

Ceux qui partent avec nos enfants et les membres de nos églises doivent s'attendre à ce que nous soyons des ennemis implacables. Je vous suggère de regarder la réponse des buffles aux lions qui ne cessent de tenter de voler leurs petits. C'est une mort féroce et une lutte pour la vie. C'est la réaction naturelle des parents dont les jeunes sont sous la menace.

2. Ceux qui partent et prennent les membres de nos églises avec eux doivent s'attendre à la RÉPONSE QUE LES ÊTRES HUMAINS DONNENT À UN KIDNAPPEUR.

L'enlèvement est le retrait ou le transport d'une personne contre sa volonté. L'enlèvement des enfants est appelé vol d'enfant car cela se fait souvent avec l'intention de garder l'enfant de façon permanente.

Beaucoup de pasteurs rebelles sont également des ravisseurs spirituels parce qu'ils quittent des églises emmenant les jeunes et les innocents. Les ravisseurs spirituels ont l'intention de garder ces jeunes comme leurs membres permanents.

Les êtres humains répondent aux ravisseurs en appelant la police, l'armée et les autres forces à leur disposition. Un pasteur qui quitte une église et enlève un groupe de ses membres doit s'attendre au même genre de réponse spirituelle. Attendez-vous à ce que nous le poursuivions avec toutes les armes à notre disposition jusqu'à ce que nous récupérions nos enfants volés.

3. **Ceux qui partent et prennent les membres de nos églises avec eux doivent s'attendre à la RÉPONSE QUE LES ÊTRES HUMAINS DONNENT AUX VOLEURS.**

a. Attendez-vous à ce que nous vous poursuivions avec des épées et des bâtons.

Jésus, prenant la parole, leur dit : Vous êtes venus, comme après un brigand, avec des épées et des bâtons, pour vous emparer de moi.

Mark 14 : 48

b. Attendez-vous à être frappé à mort.

Si le voleur est surpris dérobant avec effraction, et qu'il soit frappé et meure, on ne sera point coupable de meurtre envers lui ;

Exode 22 : 2

c. Attendez-vous à devoir payer le double de ce que vous avez pris.

Si un homme donne à un autre de l'argent ou des objets à garder, et qu'on les vole dans la maison de ce dernier, le voleur fera une restitution au double, dans le cas où il serait trouvé.

Exode 22 : 7

4. Ceux qui partent et de prennent les membres de nos églises avec eux doivent s'attendre à la RÉPONSE QUE LES ÊTRES HUMAINS DONNENT À UN TUEUR.

Puisque la personne qui enlève nos membres est un voleur, il faut s'attendre à ce que nous agissions comme si nous avions affaire à un voleur. Un voleur fait trois choses : voler, tuer et détruire. Il est bien connu que les gens qui volent des ordinateurs portables et des téléphones portables savent aussi tuer. Jésus Lui-même dit : « Le voleur ne vient que pour *dérober*, *égorger* et *détruire* ; moi, je suis venu afin que les brebis aient la vie, et qu'elles soient dans l'abondance. » (Jean 10 : 10). Nous ne serons pas heureux de faire partie de la vie et du ministère d'un meurtrier.

Vous n'accepterez point de rançon pour la vie d'un meurtrier qui mérite la mort, car il sera puni de mort.

Nombres 35 : 31

Nous agirons envers tous les voleurs de membres de l'église comme si nous avions affaire à des tueurs et des assassins. Ne comptez pas sur nous pour être amis avec ceux qui volent les membres de notre église. Ne comptez pas sur nous pour vous faire entrer dans le ministère. Ne comptez pas sur nous de pour vous recommander. Nous agirons envers vous comme si vous étiez voleur qui vient pour tuer.

5. Ceux qui partent et prennent les membres de nos églises avec eux doivent s'attendre à la RÉPONSE QUE LES ÊTRES HUMAINS DONNENT À UN DESTRUCTEUR.

Toute personne saine d'esprit doit rester loin des destructeurs. Le Psalmiste dit, Jésus a dit un voleur vient pour voler, tuer et détruire. Toute personne qui vole votre brebis est aussi un destructeur. Si vous volez nos moutons ou nos membres, nous allons vous frapper d'ostracisme parce que vous êtes un destructeur ! Attendez-vous à ce que nous vous fassions ce que le Psalmiste dit.

[...] Je me tiens en garde contre la voie des violents ;
Psaumes 17 : 4

Vous devez aussi vous attendre à ce que nous nous réjouissions quand le destructeur de notre pays et notre église ne peut plus nous nuire. Quand Samson a été réduit à l'impuissance par les Philistins ils se réjouirent avec jubilation.

Et quand le peuple le vit, ils célébrèrent leur dieu, en disant : Notre dieu a livré entre nos mains notre ennemi, celui qui ravageait notre pays, et qui multipliait nos morts.

Juges 16 : 24

Chapitre 12

Comment prier contre ceux qui sont la cause de nos soucis quand ils partent

Quinze clés pour prier contre les hommes déloyaux

1. Priez pour que vous puissiez être débarrassé des hommes du mal qui portent le manteau d'un ministre de l'Évangile.

    [...] Éternel, délivre-moi des hommes méchants ! Préserve-moi des hommes violents.

    Psaume 140 : 1

2. Priez pour que vous puissiez être délivré des gens autour de vous qui complotent dans leur cœur.

    [...] Éternel, délivre-moi des hommes méchants ! [...] Qui méditent de mauvais desseins dans leur cœurs ;

    Psaume 140 : 1-2

3. Priez pour que vous puissiez être délivré des gens autour de vous qui attisent les conflits, les controverses et les soulèvements.

    [...] Éternel, délivre-moi des hommes méchants ! [...] Et sont toujours prêts à faire la guerre !

    Psaume 140 : 1-2

4. Priez pour que vous puissiez être délivré de la critique des langues acérées et serpentines des personnes déloyales.

    [...] Éternel, délivre-moi des hommes méchants ! [...] Ils aiguisent leur langue comme un serpent, Ils ont sous leur lèvres un venin d'aspic [...]

    Psaume 140 : 1,3

5. Priez pour que vous soyez délivré du venin des accusations des hommes déloyaux.

[…] Éternel, délivre-moi des hommes méchants ! […] Ils aiguisent leur langue comme un serpent, Ils ont sous leur lèvres un venin d'aspic.

Psaume 140 : 1,3

6. Priez pour que vous puissiez être délivré des gens qui veulent déstabiliser votre ministère.

Éternel, garantis-moi des mains du méchant ! Préserve-moi des hommes violents, Qui méditent de me faire tomber !

Psaume 140 : 4

7. Priez pour que vous soyez délivré des membres orgueilleux de votre équipe de dirigeants.

Des orgueilleux me tendent un piège et des filets, Ils placent des rets le long du chemin, Ils me dressent des embûches.

Psaume 140 : 5

8. Priez pour que le Seigneur vous protège et vous aide lorsque vous devez composer avec des gens déloyaux et ingrats.

Éternel, Seigneur, force de mon salut ! Tu couvres ma tête au jour du combat.

Psaume 140 : 7

9. Priez pour que Dieu ne permette pas aux méchants de déstabiliser votre travail et votre ministère.

Éternel, n'accomplis pas les désirs du méchant, Ne laisse pas réussir ses projets, de peur qu'il ne s'en glorifie ! Selah.

Psaume 140 : 8

10. Priez pour que des charbons ardents tombent sur les gens qui parlent mal derrière votre dos.

Que sur la tête de ceux qui m'environnent Retombe l'iniquité de leurs lèvres ! Que des charbons ardents

**soient jetés sur eux ! Qu'il les précipite dans le feu,
Dans des abîmes, d'où ils ne se relèvent plus !**

Psaume 140 : 9-10

11. Priez pour que ceux qui vous haïssent et vous accusent pour détruire votre vie soient jetés dans un feu.

Qu'il les précipite dans le feu, Dans des abîmes, d'où ils ne se relèvent plus.

Psaume 140 : 10

12. Priez pour que les gens autour de vous qui parlent mal soient jetés dans des fosses profondes dont ils ne pourront pas sortir.

Qu'il les précipite dans le feu, Dans des abîmes, d'où ils ne se relèvent plus.

Psaume 140 : 10

13. Priez pour que tous les calomniateurs et les médisants dans votre vie ne puissent pas prendre pied ou être en place dans votre congrégation ou dans votre équipe de dirigeants.

L'homme dont la langue est fausse ne s'affermit pas sur la terre; Et l'homme violent, le malheur l'entraîne à sa perte.

Psaume 140 : 11

14. Priez pour que le mal chasse le méchant et mauvais homme au milieu de vous et que leur effet sur votre vie et ministère soit renversé.

L'homme dont la langue est fausse ne s'affermit pas sur la terre ; Et l'homme violent, le malheur l'entraîne à sa perte.

Psaume 140 : 11

15. Priez pour que votre ministère continue dans la bonne direction.

Je sais que l'Éternel fait droit au misérable, Justice aux indigents.

Psaume 140 : 12

Les livres de
Dag Heward-Mills

www.ingramcontent.com/pod-product-compliance
Lightning Source LLC
Chambersburg PA
CBHW060757050426
42449CB00008B/1434